1. Auflage 2016

Cover: lauria / Fiverr
Cover Foto: Depositphotos.com

Inhaltsverzeichnis

Vorwort

Zunächst möchte ich mich bei Ihnen für den Kauf meines eBooks bedanken! In diesem Buch erkläre ich Ihnen die Grundlagen zum Thema SEO und zeige Ihnen, wie Sie Schritt für Schritt zu einer erfolgreichen Seite und zum effektiven passiven Einkommen gelangen. Des Weiteren erkläre ich Ihnen, wie Sie mit Nischenseiten erfolgreich bis zu 1000€ Gewinn machen können. Diesen Prozess veranschauliche ich Ihnen mit einer Schritt-Für-Schritt Anleitung, welche sehr praxisbezogen ist, damit Sie diese sofort für Ihr eigenes Online Business anwenden können.

Kurz zu mir: Ich bin seit längerer Zeit im Thema Online Marketing tätig und setze mich jeden Tag mit dem Thema SEO auseinander. Nun bin ich mit meinen Seiten, vor allem Nischenseiten, sehr erfolgreich und generiere jeden Monat ein anständiges passives Einkommen, da sich sämtliche Seiten auf der ersten Seite bei Google befinden.

Anfangs hatte ich große Schwierigkeiten und in den ersten Monaten habe ich leider keinen Erfolg erzielen können. Dies lag daran, dass mir das Betreiben von SEO nicht bekannt war und mir dessen Wichtigkeit nicht bewusst war. Ich habe mich gefragt, wie die erfolgreichen Seitenbetreiber ihre Seiten so gut platzieren lassen. Dann wurde mir der Hinweis gegeben, dass hinter dem Betreiben von Seiten viel mehr steckt. Primär handelt es sich hierbei um Faktoren, die Sie als Besucher gar nicht wahrnehmen können. Das Wissen, das ich mir in der Zeit angeeignet habe, möchte ich Ihnen mit diesem eBook teilen, damit Sie nicht dieselben Schwierigkeiten haben, mit denen ich mich eine lange Zeit auseinandersetzen musste.

Ich möchte Ihnen zeigen, wie Sie mit Ihrer Seite, egal welches Anliegen Sie mit ihr verfolgen, erfolgreich werden und effektiv passives Einkommen generieren, wenn dies Ihr Ziel ist. Falls Sie konkret Nischenseiten betreiben wollen, die vor allem auf dem berüchtigten Affiliate Marketing basieren, werden Sie dies problemlos nach dem Lesen dieses Buchs absolvieren können. Außerdem garantiere ich Ihnen, dass Ihre Seite sehr erfolgreich wird und viel Gewinn auswerfen wird, wenn Sie die genannten Faktoren auf Ihren Seiten anwenden. Ich hoffe, dass Sie nach dem Lesen auf dem gleichen Wissensstand sind wie ich es bin und wünsche Ihnen jetzt viel Spaß beim Lesen!

1. Kapitel: Wovon profitieren Sie beim Betreiben von Affiliate Marketing?

Was einem sofort ins Auge beim Thema „Affiliate Marketing“ springt, ist der Begriff „Passives Einkommen“, das jeder zielstrebig versuchen sollte anzustreben. Es ist das Ziel von fast jedem Online Marketer mit der Begründung, dass man somit finanzielle Freiheit und große Zeitersparnis erlangt. Ihre Träume können verwirklicht werden und die morgendliche Routine zur lästigen Arbeit kann Schnee von gestern sein, wenn Sie den Durchbruch wagen!

Das passive Einkommen wird meiner Meinung nach zu gut geredet. Es ist leider nicht Realität, dass Sie nur ein bisschen Arbeit verrichten müssen, um große Erfolge zu erzielen, die Ihr Leben revolutionieren. Der Begriff „passiv" ist hierbei auch ein umstrittenes Thema, da für jeden „passiv" eine andere Bedeutung hat. Wenn Sie sich darunter vorstellen, dass Sie beim Affiliate Marketing nur für einen kurzen Zeitraum mäßige Arbeit betreiben müssen und dies dann für immer ein Selbstläufer wird, muss ich Sie leider enttäuschen und Sie vom positiven Trip herunterbringen, der Ihnen von anderen eingeredet wird. Es ist natürlich richtig, dass Nischenseiten vergleichsweise zu anderen Geldeinnahmemethoden, wie z.B. das Arbeiten nach Aufträgen, passiv in dem Sinne ist, dass sobald die wichtige Arbeit verrichtet worden ist und somit die Seite an sich steht, keine anstrengende und vor allem zeitintensive Arbeit erledigt werden muss, um überhaupt Geld zu verdienen.

Beim Einstellen sämtlicher Arbeiten auf Ihrer Seite werden Sie dennoch bestraft, obwohl Sie trotzdem in der ersten Zeit Geld generieren werden, was allerdings dazu resultiert, dass jegliche Arbeit für die Katz war und Sie wieder sehr aktiv arbeiten müssen, um das „passive Einkommen“ wiederherzustellen. Um dies zu vermeiden, müssen Sie somit immer weiter an Ihrem Projekt arbeiten und da kann ich aus eigener Erfahrung sprechen, um Erfolge zu erzielen, die vergleichsweise zu anderen Arbeitsmethoden passiv generiert wurden. Wie schon gesagt sind diese Arbeiten im Vergleich zu den Tätigkeiten am Anfang der Seite nichts. Es handelt sich um Kleinigkeiten bzw. Optimierungsarbeiten, die Sie garantiert nicht zu sehr erschöpfen werden.

Was man allerdings nicht verneinen kann, ist die vorhin erwähnte finanzielle Freiheit, die Ihnen garantiert, dass Sie keinen miesgelaunten Chef haben, der über Ihnen steht und Ihnen dirigiert, was Sie zu tun haben oder Sie sogar schikaniert. Sobald das Fundament aufgebaut ist und die Seite langsam an guten Platzierungen bei Google gewinnt, werden Sie Erfolge und somit Geld generieren, die Sie finanziell unabhängig machen.

Das bedeutet allerdings nicht, dass Sie nach kurzer Zeit einen Lohn von einem Vollzeitberuf verdienen werden, was auch ein wichtiger Faktor ist, den viele am Anfang missverstehen. Wie ich es gerade erläutert habe, bedeutet finanzielle Freiheit im diesem Kontext lediglich, dass Sie Ihre Arbeit frei verrichten können und somit auch Ihr Geld unabhängig von anderen verdienen. Das heißt nicht, dass Sie nach kurzer Zeit so viel Geld generieren, dass Sie finanziell unabhängig sind und nie wieder arbeiten müssen oder Ihr Geld aus dem Fenster werfen können. Wie viele Millionäre oder Gewinner im Lotto gingen genau auf diese Weise den Bach runter und hatten am Ende gar nichts mehr, weil Sie diesen doch so leichten Punkt einfach missverstanden haben. Daher sollten Sie das Versprechen vom doch so schnellem, einfachem und gutem Geld aus dem Kopf bekommen, das einem leider doch viel zu oft im Internet oder in der Wirklichkeit versprochen wird.

Des Weiteren ist der Zeitfaktor ein wichtiger Punkt, der im Affiliate Marketing eine wesentliche Rolle spielt. Die Zeit ist sowohl Segen als auch Fluch zu gleich. Doch wieso? Die finanzielle Unabhängigkeit steht im engen Zusammenhang mit der dazu gewonnen Zeit, die man für bessere und produktivere Sachen benutzen kann als am Arbeitsplatz in der Firma unnötig genervt zu werden. Sobald man seine „passive" Arbeit am PC erledigt hat, kann man Freunde treffen, sich entspannen oder mehr Zeit mit der wohl am wichtigsten Sache der Welt verbringen, nämlich der Familie.

Um dies allerdings zu erreichen, muss man vorweg sehr viel Zeit investieren und abwarten. Damit Sie im Nachhinein viel Freizeit zur Verfügung zu haben, müssen Sie viel Zeit in Ihre Arbeit investieren. Nur so werden Sie im Affiliate Marketing erfolgreich durchstarten können. Des Weiteren brauchen Sie eine Menge an Geduld und auch an dieser Stelle kann ich aus eigener Erfahrung sprechen. Wie ich es schon im Vorwort beschrieben habe, gab es Phasen, in denen ich am liebsten aufgeben wollte, weil die Leerzeit, in denen ich keine Erfolge erzielen konnte, relativ hoch war.

Im Endeffekt hat sich das Warten definitiv gelohnt und dementsprechend möchte ich Ihnen ans Herz legen, dass Sie das Maß an nötiger Geduld mit sich bringen und nicht einen Fehler begehen, den sehr viele machen. Wäre ich auf diesen eingegangen, würde ich nie dort stehen, wo ich gerade bin und ein Buch darüber schreiben.

Eine Durststrecke im Online Marketing ist vollkommen normal und vor allem beim Affiliate Marketing ist sie oft nicht zu umgehen. Jeder, wirklich jeder, musste von unten anfangen und sich langsam auf den Google-Seiten hocharbeiten ohne jeglicher Garantie, dass dies überhaupt ein Erfolg wird. Das bedeutet, wenn Sie sich einen erfolgreichen Online Marketer im Bereich Nischenseiten anschauen, können Sie sich sicher sein, dass auch dieser am Anfang keine Erfolge erzielt hat und viel Geduld mit sich gebracht hat, um dort stehen zu können, wo er gerade ist.

Des Weiteren können Sie von überall aus der Welt aus arbeiten. Sie benötigen lediglich einen Laptop und Internetzugriff. Produktionsmittel oder unnötige Arbeitsumstände fallen somit weg und außerdem besitzen Sie keine festen Arbeitszeiten, die Ihnen vorschreiben, wann Sie zu arbeiten haben. Sie sind sozusagen „Freiarbeiter", welcher nach einer bestimmten Zeit kaum Arbeit mehr zu absolvieren hat, da der Selbstläufereffekt eintritt und Sie nur noch die Feinarbeit machen müssen.

Ein weiterer Grund ins Online Marketing einzusteigen, ist die Tatsache, dass man kein oder kaum Startkapital benötigt. Das bedeutet, dass Sie keine großen Investitionen tätigen müssen, die Ihnen schaden könnten und sie somit möglicherweise bereuen. In einigen Gebieten benötigt man ein wenig Startkapital, um die Grundlagen der Seite zu erschaffen und somit schneller und vor allem besser in Suchmaschinen platziert zu werden. Dies ist bei der Vermarktung später durchaus ein Faktor, den man sich durch den Kopf gehen lassen sollte, um höher Gewinne zu erzielen.

Allerdings sind dies nur freiwillige Aktionen und objektiv gesehen müssen Sie lediglich für die Domain bezahlen. Sie müssen quasi die „Mietkosten“ für Ihre Seite auf dem Server des Hosters bezahlen. Dieser Betrag entspricht allerdings einigen mickrigen Euro pro Jahr und ist kaum der Rede wert, da ein Verkauf auf Ihrer Seite schon das Mehrfache der Kosten abdeckt. Dementsprechend existieren auch kaum lästige Organisationen oder „Papierkram“, wie z.B. Buchhaltung von Ausgaben und Ähnlichem. Sie verlieren somit keine wertvolle Zeit an Arbeit, die Ihrer Seite nicht hilft. Außerdem ist es schön, sich in eine neue Materie einzuarbeiten und ein neues Themengebiet zu erlernen. Sie können sich wertvolles Wissen durch einzig und allein praktische Arbeit aneignen, welches Sie weiterbildet. Ich kann aus eigener Erfahrung sprechen und Ihnen sagen, dass es ein tolles Gefühl ist, wenn man jemand anderem, der nichts von dem Thema weiß, etwas darüber erzählen kann und ihm somit weiterhilft.

Ich würde gerne noch einmal themenrelevant das Arbeiten an sich ansprechen, um Ihnen wirklich klar zu machen, dass dies ein wichtiger Faktor ist, der darüber entscheiden kann, ob sie erfolgreich werden oder nicht. Sie müssen sehr viel Fleiß mit sich bringen, um Ihre Seite auf die Beine zu stellen. Fleißige Arbeit ist immer mit Zeitaufwand verbunden, welcher beim Online Marketing jederzeit vorhanden ist. Lästige Arbeit, das Erledigen von Kleinkram und Bearbeiten von Kleinigkeiten sind Standard und können durchaus langweilig und eintönig auf Sie wirken. Nun hört sich das alles doch eher negativ an und motiviert einen eher mager, sein eigenes Online Business für große Erfolge zu starten.

Nun gut, ich möchte Ihnen wie gesagt lediglich klarmachen, dass das Leben im Online Marketing hart ist und die Realität das genaue Gegenteil von dem ist, was einem in Werbungen versprochen wird. Ich könnte Ihnen auch Honig um den Mund schmieren und Ihnen garantieren, dass Sie im Nullkommanichts ein erfolgreiches Einkommen generieren, das Sie finanziell komplett unabhängig macht.

Allerdings möchte ich Ihnen dies real veranschaulichen und Ihnen somit ermöglichen, dass Sie die gleichen Erfolge wie ich erzielen - wenn nicht sogar mehr. Die meisten Leute brechen ihr Projekt ab, weil die Versprechungen nicht erfüllt wurden und man enttäuscht wurde, weil man nach einem Monat nicht den vierstelligen Bereich geknackt hat. Sie benötigen das richtige Mindset, das Ihnen garantiert, dass Sie sich nicht ermutigen lassen und sich mit der Realität im harten Arbeitsleben konfrontieren.

Zusammenfassend sollten Sie also nicht auf die Versprechungen von anderen im Internet oder in Werbungen hören, wo Sie in kurzer Zeit und ohne jeglichen Aufwand Millionen machen. Ihnen muss bewusst sein, dass Sie viel Geduld und Fleiß mit sich bringen müssen, um überhaupt eine Chance zu haben. Des Weiteren müssen Sie den Zeitaufwand in Betracht ziehen und dementsprechend sollten Sie sicherstellen, dass Sie die benötigte Zeit erbringen, um die mindestens nötigen Leistungen leisten zu können, damit Ihr Business läuft.

Sobald Sie diese Arbeitsfaktoren erfüllt haben, steht Ihrem so gut geredeten „Passiven Einkommen“ nichts mehr im Wege. In geraumer Zeit werden Sie sehen, wie die Gewinne steigen und bald den vierstelligen Bereich ankratzen. Dieser ermöglicht Ihnen wenig später schon, finanziell frei zu sein und somit aus dem standardisierten Arbeitsleben zu entkommen, in dem Sie sich nie eine goldene Nase verdienen können. Dies liegt meist daran, weil Sie nicht für sich arbeiten, sondern für jemand anderen, der von Ihnen und Ihrer Arbeit profitiert. Wenn Ihnen die Bezeichnung „Proletariat“ ein Begriff ist, wissen Sie, was ich meine.

2. Kapitel: Wie gelangen Sie zum passiven Einkommen?

Meiner Meinung nach existieren zwei Methoden, die sehr effizient sind und am besten dafür sorgen, dass Sie zum passiven Einkommen gelangen.

Da wäre einmal das Betreiben von Nischenseiten, also die „normalste" Form von Affiliate Marketing, dem sogenannten „Profitieren durch Provisionen". Die andere Methode ist das Eröffnen eines Online Shops, der allerdings auch provisionsabhängig ist. Das Erzielen von Gewinnen durch Provisionen ist im ersten Moment nichts Schlimmes. Allerdings stimmt die Tatsache, dass man sehr vom Käufer bzw. Nutzer abhängig ist, der einem Geld einbringen kann. Das heißt, sobald der Kunde von dem Produkt, welches Sie vermarkten, nicht überzeugt ist, erzielen Sie keinen Gewinn. Sie können nicht viel dagegen unternehmen, da das Produkt ja nicht Ihres ist, was Sie vermarkten.

Selbstverständlich müssen Sie sich in dem Fall trotzdem fragen, was Sie verbessern können, damit die Provision steigt und den Suchenden doch irgendwie überzeugen. Vom Grundprinzip her allerdings sind Sie beim Affiliate Marketing und somit bei Nischenseiten sowie Online Shops nur ein Drittanbieter, der nicht sehr viel Einfluss auf das Produkt hat.

2.1. Nischenseiten

Nischenseiten sind Seiten, auf denen Sie für ein bestimmtes bzw. konkretes Thema (Nische) Produkte vergleichen und vermarkten, um sie somit dem Kunden ansprechender zu gestalten. Dabei spielen Testberichte und Produktbeschreibungen eine wesentliche Rolle, da diese die Hauptfaktoren der Seiten sind, die dem Nutzer die Produkte näher bringen sollen.

Ihr Ziel ist es somit, dem Kunden ein passendes Produkt zu beschreiben, damit dieser einen Kauf tätigt und Sie somit von der Provision profitieren. Das ist das Grundkonzept von Nischenseiten. Allerdings ist dieses Gebiet selbstverständlich viel komplexer und den Kunden vom Produkt zu überzeugen ist auch eine Kunst für sich, die man erst mal erlernen muss.

Des Weiteren sind Nischenseiten wieder eine Oberkategorie, die sich im Groben in drei weitere Unterkategorien unterteilen lassen.

1. Möglichkeit: Affiliate Marketing

2. Möglichkeit: AdSense auf Blogs

3. Möglichkeit: Vermietung der Nischenseiten

2.2 Was ist Affiliate Marketing?

Die erste Möglichkeit habe ich Ihnen bisher ziemlich nah gebracht. Diese ist die am meisten vertretende Alternative, um im Internet anhand von Nischenseiten Geld zu verdienen. Diese Verdienstmöglichkeit basiert wie gesagt auf Provisionen. Doch genauer gesagt zeichnet sich Affiliate Marketing durch ein Partnerprogramm aus, bei dem Sie als Seitenbetreiber teil haben und mitmachen. Sie gehen somit eine Kooperation mit dem Unternehmen ein, welches dieses Programm leitet.

Jenes Unternehmen reicht Ihnen in der Regel einen Reflink ein, welchen Sie auf Ihrer Seite verwenden können. Anhand des Reflinks kann das Unternehmen sicherstellen, dass der Kauf durch Sie entstanden ist. Dieser besondere Link zeichnet sich dadurch aus, dass er URL Merkmale aufweist, die sich mit Ihnen quasi identifizieren. Das bedeutet, wenn Sie z.B. bei dem Partnerprogramm von Unternehmen X mitmachen und Sie die ID „28173“ besitzen, kann es sein, dass das Unternehmen Ihnen einen persönlichen Link zur Verfügung stellt. Dieser kann zusätzlich die Eigenschaft „ref=28173“ besitzen und führt den Kunden ohne jegliche Hindernisse zum gewünschten Produkt. Das Unternehmen X weiß daher, dass der Kauf durch Sie entstanden ist und möchte Sie deswegen mit einer Provision belohnen, die einen bestimmten Prozentsatz vom Preis entspricht.

Das Unternehmen X ist wie schon beschrieben ein Unternehmen, welches Dienstleistungen oder Produkte verkaufen möchte und lediglich andere Verkäufer einstellt, die ihr Produkt oder Leistung vermarkten. Das Ziel ist es, mehr Verkäufe und dementsprechend mehr Umsatz zu erzielen. Heutzutage gibt es sehr viele solcher Unternehmen, da dieser Handelsakt wirtschaftlich gesehen sehr effizient und einfach ist. Sie müssen keine große Arbeit verrichten, um ihre Verkäufe zu steigern. Sie müssen den Drittanbietern (also den Betreibern von Nischenseiten) lediglich einen Reflink ausstellen und dann können sie zuschauen, wie die Gewinnzahlen steigen.

Ein Unternehmen, welches diese Funktion meiner Meinung nach exzellent anbietet, ist die Verkaufsplattform Amazon. Das Partnerprogramm vom weltweit größten Onlinehändler kommt Interessenten entgegen, die im Affiliate Marketing durchstarten möchten. Sie müssen sich lediglich im Amazon PartnerNet anmelden und erhalten in Nullkommanichts Ihren individuellen Reflink, der Ihnen Geld einbringt.

Voraussetzung ist natürlich, dass Sie ein Amazon Konto haben, welches sich kinderleicht einrichten lässt. Des Weiteren bringt das PartnerNet-Programm Vorteile mit sich, die wirklich auf Sie spezialisiert sind und Sie mehr profitieren. Ein Punkt wäre z.B. der Service, der Ihnen angeboten wird. Zum Service gehören meiner Meinung nach sämtliche Dienstleistungen von Amazon, die unabhängig vom Produkt und Gewinn passieren. Dazu gehören z.B. die außergewöhnlich schnellen Lieferzeiten und die kaum vorhandenen Lieferprobleme. In wenigen Tagen ist das Produkt beim Käufer. Dies verschafft einen guten Eindruck und sorgt dafür, dass er definitiv das nächste Mal diesen Markt wieder als Verkaufsplattform nutzen wird. Das steigert das Vertrauen gegenüber Amazon, das aber ohnehin schon sehr groß in Deutschland ist.

Ich denke, Sie können sich genauso wie ich kaum vorstellen, dass ein Mensch, welcher das Internet benutzt, den Onlinehändler Amazon nicht kennt. Da man die Seite kennt, tätigt man einen Kauf viel eher und schenkt ihr somit viel Vertrauen. Man fokussiert sich nicht drauf, ob man den Kauf überhaupt tätigen sollte, weil einem der Verkaufspartner als unseriös erscheint, sondern man kann sich voll auf das Produkt konzentrieren und sich davon überzeugen lassen, dass das Produkt gut für einen ist.

Außerdem bietet Amazon einen sehr guten Support an, den man jederzeit ohne Probleme kontaktieren kann. Des Weiteren ist der Support deutschsprachig und man erhält sehr schnell eine zufriedenstellende Antwort. Für Sie als Betreiber von Nischenseiten ist dieser Support wahrscheinlich nicht so relevant. Allerdings steigert dies auch wieder das Vertrauen vom Kunden, da er somit den Anschein bekommt, dass er nicht einfach ein unwichtiger Kunde ist, der dem Unternehmen egal ist. Probleme, die entstanden sind, wirken nicht mehr so schlimm, da dem Kunden geholfen wird und versucht wird, ihm entgegenzukommen. Somit „verzeiht" der Kunde das Versäumnis von Amazon.

Dies sind eher die psychologischen Aspekte, die bei dem Kunden eine große Wirkung hervorrufen. Kommen wir nun aber zu den wirtschaftlichen Aspekten, von denen auch Sie profitieren. Amazon bietet eine sehr große Auswahl an Produkten in jeglichen Klassen und zu fast jedem Thema. Wenn Sie sich also eine Nischenseite aufbauen wollen, müssen Sie keine Angst haben, dass Ihre Wunschprodukte, die Sie vorstellen wollen, nicht erhältlich sind. Des Weiteren sind Ihnen zum Thema der Nische keine Grenzen gesetzt. Amazon beinhaltet zu jeder Kategorie Produkte in allen Preisklassen. Der Punkt mit der großen Preisspanne ist vor allem wichtig, da Sie so sämtliche Produkte zu fast allen Preisen auf Ihrer Nischenseite anbieten können. Somit ist für jeden potenziellen Käufer etwas dabei. Außerdem ist Amazon für den Verkauf von „RandSales“ bekannt. Auf gut Deutsch bedeutet das schlicht, dass ein Kunde sich nicht nur das eine gewünschte Produkt holt, sondern gerne noch zu vorgeschlagenen Produkten zuschlägt, die mit dem eigentlichen Produkt zusammenhängen, wie z.B. passendes Zubehör oder Bestseller in der Kategorie des Artikels.

Durch die Tatsache, dass Amazon seine Affiliater 24 Stunden im Cache hat, werden auch solche Verkäufe mit Ihnen identifiziert und Sie bekommen somit eine Provision. Das bedeutet, unabhängig davon ob der Nutzer auf Ihrer Nischenseite auf Ihren Reflink gegangen ist und sich dann das Produkt, wo der Link hingeführt hat nicht gekauft hat, und sich stattdessen für ein anderes entschieden hat, profitieren Sie noch immer davon.

Aus den folgenden Gründen würde ich Ihnen das Partnerprogramm Amazon PartnerNet ans Herz legen, wenn Sie eine Nischenseite aufbauen wollen und Produkte in einer bestimmten Klasse vermarkten möchten. Falls Sie allerdings versuchen wollen, Ihre Nischenseite mit einem anderen Hintergedanken aufzubauen, indem Sie z.B. nicht Produkte vorstellen und sie erläutern, sondern z.B. Unterkünfte, Hotels und Appartements anbieten. In diesem Fall wäre das „Produkt", das Sie vermarkten, ganz banal das Reiseticket und die dazugehörigen Komponenten wie Reiseunterkunft, Verpflegung etc. Auch hier bekommen Sie eine Provision, wenn Sie ein Ticket verkaufen. Dies gelingt Ihnen am besten, wenn Sie die jeweiligen von Ihnen gewählten Hotels und Appartements miteinander vergleichen und der Kunde dann entscheidet, was das Beste für ihn ist. Wie Sie sehen, verläuft hier das Prozedere genauso wie beim PartnerNet-Programm. Der Sinn ist wie Sie sehen immer gleich. Sie müssen nur entscheiden können, welches Programm Ihrem Anliegen und Ihrer Idee am meisten zusagt.

Es gibt verschiedene Vergleichsportale nur für Partnerprogramme, wo zu allen möglichen Themen Programme vorgestellt werden, damit Sie alles auf einen Blick haben. Ich empfehle Ihnen hierbei den Vergleich von „affilinet“ (**https://www.affili.net/de/partnerprogramme**). Meiner Meinung nach ist die Seite sehr seriös aufgebaut und besitzt eine gute Themenunterteilung mit vielen Unterkategorien. Somit können Sie ein Partnerprogramm finden, welches perfekt auf Ihre Nische abgestimmt ist. Außerdem werden Ihnen die wichtigsten Faktoren eines Affiliate Programms auf einem Blick geschildert, wie z.B. die Vergütung. Sie erfahren also, wie hoch der Provisionsanteil in Prozent gegenüber dem Gesamtbetrag des Produktes ist. Dementsprechend würde ich Ihnen empfehlen, bevor Sie überhaupt mit Ihrer Nischenseite anfangen, ein gutes Partnerprogramm zu finden. Das sollten Sie aber nur tun, wenn (!) Ihnen das PartnerNet-Programm von Amazon gar nicht passt. Es kann nämlich vorkommen, dass die Nischenauswahl von Ihnen gar nicht schlecht war und Ihre Seite sehr gut optimiert und aufgebaut ist. Doch das Partnerprogramm kann Schwächen aufweisen und der Anbieter nicht vertrauenswürdig sein und seine Versprechen gegenüber dem Kunden nicht einhalten (Lieferzeiten, Service, Qualität etc.). Zudem kann auch die Provision zu niedrig sein und Ihre Gewinne sind somit trotz hohem Aufwandes gering, obwohl sie es gar nicht müssen.

2.3 Wie funktioniert AdSense auf Blogs?

Dies wäre die zweite Möglichkeit, die ich Ihnen nach den Nischenseiten empfehlen würden, die per Affiliate Marketing funktioniert. Vorsichtshalber möchte ich Ihnen noch die genaue Begriffserklärung vom „Blog“ veranschaulichen. Blogs (hergeleitet von Web-Logs) sind genau genommen Online-Tagebücher, die meistens öffentlich zugänglich sind (dementsprechend sind sie impressumspflichtig!). Der Blogger (hergeleitet von Web-Logger) verfasst ein Journal und hält seine Gedanken schriftlich fest. Der Begriff „Log“ kommt hierbei aus dem Englischen und bedeutet wörtlich übersetzt „Logbuch“. Dabei kann der Texter über jedes mögliche Thema schreiben, worauf er Lust hat. Solange es Interessenten gibt, die sich sein „Tagebuch“ durchlesen, besitzt der Blogger Kunden. Allerdings kaufen die Kunden in der Regel hier nichts ein und werden auch nicht über einen Reflink auf eine Verkaufsseite gelockt.

Es kann vorkommen, dass der Texter ein Produkt vorstellt, was ihm gefällt oder Ähnliches. Dabei kann es vorkommen, dass er einen Reflink zum Artikel einbaut, damit die Leser das Produkt auch kaufen können. In der Regel setzt der Blogger aber auf „AdSense“ und verdient damit sein Geld.

Sie fragen sich, was AdSense ist? Ganz einfach. Werbende Personen, die ein Produkt vermarkten oder auf ihre Seite aufmerksam machen möchten, können dies erledigen, indem sie Werbung schalten können. Dabei gibt es die Möglichkeit, bei AdWords, also bei Google, Geld einzuzahlen. So wird für Sie bei der Googlesuche Werbung geschaltet. Des Weiteren wird diese Information an AdSense weitergeleitet, wo die Werbung quasi angeboten wird, damit sie jemand auf seiner Seite platziert und somit für den Werbenden von Anfang an Werbung betreibt. Dafür wird derjenige, der die Werbung auf seiner Seite platziert, entlohnt. Dies ist jedoch abhängig davon, ob Leute auf die Werbung geklickt haben oder nicht.

Einfach gesagt bedeutet das also, dass Sie für jemand anderen Werbung schalten und dafür Geld bekommen. Allerdings kommt nun der Clue an der Sache. Sie sollten nicht einfach so Werbeanzeigen auf Ihrer Seite platzieren ohne zu hinterfragen, über was die Werbungen handeln und was das Anliegen vom Werbenden ist. Deswegen sollten Sie versuchen, dass die Werbeanzeigen im engen Zusammenhang mit dem Thema auf Ihrem Blog oder zum jeweiligen Blogartikel stehen. Sie können dementsprechend bei AdSense auch entscheiden, zu welchem Thema Sie Werbung auf Ihrem Blog anzeigen lassen. Somit steigt die Wahrscheinlichkeit, dass der Besucher auf Ihrem Blog auf die Werbeanzeige klickt, da er Interesse an dem Thema zu Ihrem Blog besitzt. Dementsprechend zeigt er dann auch Interesse zur Werbung, wenn sie wie gesagt themenrelevant ist. Falls der Leser auf die Werbeanzeige drückt, wird der Kreislauf geschlossen. Denn das Anliegen vom eigentlich Werbenden ist erfüllt, weil er nun mehr Besucher hat. Google erhält sein Entgelt für das Schalten der Werbung und Sie bekommen Ihre Provision für das Anzeigen der Werbeanzeigen als Drittanbieter.

2.4 Wie funktioniert die Vermietung einer Nischenseite?

Das Vermieten einer Nischenseite ist vielleicht nicht das, was Sie denken, aber so ähnlich. Dieser Prozess beschreibt nicht, dass man seine ganze Seite an jemand anderen für einen Zeitraum „vermietet“ und somit einen festen Betrag vom Käufer bekommt, während dieser selber schauen muss, wie er mit der Seite Geld gewinnt. Es verläuft aber fast so. Bei dieser Art von Nischenseiten vermarktet man kein Produkt, sondern eine Dienstleistung. Das bedeutet, der Punkt Affiliate Marketing kann hier schon mal so gut wie wegfallen. Dennoch suchen Sie sich eine Nische aus, die allerdings wie gesagt auf Dienstleistungen basiert, wie z.B. Zahnkronenerneuerung. Sie fertigen eine Seite zu diesem Thema an - mit einer kleinen Besonderheit. In diesem Fallbeispiel würden Sie noch eine Unterseite mit den jeweiligen Städten einfügen, wo sich gute Zahnärzte befinden, die diese Dienstleistung erfüllen, wie z.B. Hamburg, München, Dortmund, Berlin etc. Nachdem die Seite erstellt wurde und in bestimmte Gebiete unterteilt wurde, kontaktieren Sie sämtliche Zahnärzte in den bestimmten Städten und fragen nach, ob Sie für ein Entgelt ihre Adresse und Kontaktdaten eingefügt haben möchten. Diese Prozedur bezeichnet man als „Vermietung“, da man quasi diesen Platz mit den Kontaktdaten vermietet und immer wieder wechselbereit ist. Wenn eine Praxis zusagt, können Sie sagen, dass Sie z.B. 500 € pro Monat verlangen, damit die Telefonnummer und die Adresse von dem Zahnarzt auf Ihrer Seite sichtbar ist. Natürlich verfasst man noch Texte, die den Kunden

überzeugen sollten, dass die Praxis die beste in der Nähe
ist und man dort seine Zahnkronenerneuerung absolvieren sollte. Der Zahnarzt erlangt mehr Kunden und somit mehr Gewinn, während Sie lediglich für das Platzieren dieser Info Geld kassieren ohne große Arbeit verrichten zu müssen.

Diese Taktik ist ziemlich unbekannt und vor allem im Deutschland gar nicht oder kaum vertreten. Dennoch kann sie sehr erfolgreich sein, da ich Personen kenne, die neuerdings in diese Thematik eingestiegen sind und schon bemerkenswert Gewinne erzielen. Denn es ist kaum Konkurrenz vorhanden.

Dementsprechend kann ich Ihnen wirklich empfehlen, sich zu diesem Thema mehr durchzulesen, wenn das Betreiben von Nischenseiten mit Affiliate Marketing nichts für Sie ist. Wie gesagt gibt es dazu im deutschsprachigen Raum sehr wenig. Dafür gibt es im englischsprachigen Raum mehr bzw. um genauer zu sein aus der USA. Dort ist die Marketingtaktik fast allgegenwärtig und nichts Besonderes mehr.

3. Kapitel: Wie beginnen Sie mit Ihrer Nischenseite, welche Ihnen 1000€ pro Monat generieren soll?

Vorweg möchte ich Ihnen noch die wichtigsten „Säulen" zum Thema Nischenseiten bzw. Affiliate Marketing vorstellen, die sich in zwei Kategorien unterscheiden lassen, nämlich „Nischensuche" und „Nischenvermarktung".

Nischensuche:

1. Suchvolumen (abgekürzt „SV")

2. Konkurrenzanalyse

3. Keywordanalyse

Nischenvermarktung:

1. Suchmaschinenoptimierung (SEO)

3.1 Suchvolumen

Das Suchvolumen ist für das Thema der Nische und die dazugehörigen Keywords sehr wichtig. Daraus lässt sich schließen, wie relevant das Thema, also die Nische, in den Suchmaschinen (konkret Google) ist. Das bedeutet, das SV beschreibt die Suchanfragen eines bestimmten Keywords, also von einem bestimmten Begriff. Daraus zieht man die Anzahl der Suchanfragen und rechnet sie auf einen Monat hoch. Als Ergebnis bekommt man z.B. 2700 Suchanfragen pro Monat. Das heißt 2700 Mal wird der Begriff X auf Google gesucht und diese Zahl beschreibt dann quasi Ihr Kundenspektrum. Denn wenn jene Interesse an diesem Begriff zeigt, werden sie auch auf Ihre Seite wollen, die mit diesem Thema zusammenhängt. Deswegen versuchen Sie auch auf solche Keywörter platziert zu werden, aber Näheres folgt noch. Dies soll nur dazu dienen, damit Sie eine grobe Idee von den Begriffen bekommen.

Selbstverständlich können Sie als normaler Google Nutzer nicht einfach die Anzahl der Suchenden für einen bestimmten Begriff errechnen oder erraten. Google hat dafür ein Tool ins Leben gerufen, was genau die Aufgabe erfüllt und dazu dient, Ihnen diese Information zu überliefern. Dieses Programm trägt den Namen „Google Keyword Planer“ und ist wie der Name schon sagt auf Schlüsselwörter prädestiniert. Dies ist der Link, der Sie direkt zu Tool führt, wo Sie sich lediglich noch mit Ihrem Google-Konto anmelden müssen:

https://adwords.google.com/KeywordPlanner?hl=de

Ich empfehle Ihnen zum momentan Zeitpunkt dieses Tool, da es definitiv verlässlich ist und persönlich von Google programmiert wurde. Dementsprechend können Sie sich denken, dass es auch andere „Keyword Planer" gibt, die die gleiche Aufgabe erfüllen. Einige sind leider nicht mal annähernd so gut, da man für eine „Pro-Edition" bezahlen muss, die sehr teuer ist und meistens nur als Abonnement abgeschlossen werden kann. Wenn Sie also vorerst eine Nischenseite aufbauen und dafür eine gründliche Keyword Recherche vornehmen möchten, müssen Sie bei solchen Anbietern direkt einen Vertrag abschließen. Das tut am Anfang aber wirklich nicht Not, da Sie Geld verdienen wollen und nicht zu viel investieren möchten. Später allerdings, wenn Sie schon ein paar Nischenseiten aufgebaut haben und Sie die Geschwindigkeit vom Aufbauen der Nischenseiten optimieren (d.h. jeden Monat 1-2 Seiten veröffentlichen), ist es auf jeden Fall von Vorteil, wenn Sie ein solches Tool besitzen, das optimierter ist als der Keyword Planer von Google.

Der „Market Samurai“ wäre hier ein sehr gutes Beispiel und ein hervorragendes Tool, welches ich selbst benutzt habe und das mir sehr geholfen hat. Ehrlich gesagt wären meine Seiten wahrscheinlich ohne das Wissen, das mir dieses Tool zur Verfügung gestellt hat, nicht so gut geworden. Ein weiterer Vorteil des Programm ist, dass es nicht nur für das Entnehmen des Suchvolumens gut ist, sondern auch für die anderen Punkte der „Nischensuche“. Außerdem bietet das Tool Infos zur Suchmaschinenoptimierung der Konkurrenten, wie z.B. wie viele Backlinks von den anderen Seiten zum Suchergebnis eines beliebigen Keywords gesetzt wurden.

3.2 Konkurrenzanalyse

Die Konkurrenzanalyse ist ein sehr wichtiger Faktor, der es Ihnen erst ermöglicht, in einer Nische durchzustarten oder nicht. Wie der Name schon sagt, möchte man mit diesem Faktor im Nachhinein entscheiden können, ob man als Neueinsteiger überhaupt Chancen hat oder nicht. Im besten Fall wird man sogar feststellen können, dass kaum oder gar keine Konkurrenz vorhanden ist. In diesem Fall profitieren Sie extrem davon, da Sie erstens schneller und vor allem besser platziert werden. Zweitens kann der Fall eintreffen, dass ca. 90-95% der Suchenden auf Ihre Seite gehen, da Sie ja die einzige Seite besitzen, die auf diesem Markt vertreten ist. Somit ist es logisch, dass die Kundenvielfalt wesentlich größer ist.

Allerdings ist es zum heutigen Zeitpunkt sehr schwer eine gute Nische zu finden, welche keine Konkurrenz aufweist. Dementsprechend ist es an sich ein gutes Zeichen, wenn Sie eine Konkurrenzanalyse vornehmen und als Ergebnis einige Seiten feststellen, welche durchaus als Konkurrenz abgestempelt werden können. Dies bedeutet, dass die Nische nicht schlecht und durchaus profitabel ist, wenn mehrere Leute schon reingegangen sind.

Doch nicht jede Nischenseite ist ein ernstzunehmende Gegner. Deswegen sollten Sie nicht zurückschrecken, wenn Sie feststellen, dass auf Seite 4 bei Google fünf Nischenseiten vorhanden sind. Allein der Fakt, das jene auf Seite 4 sind, sollte Sie beruhigen und Sie können sich sicher sein, dass Sie diese ohne Probleme toppen können. Wenn allerdings der Fall ist, dass Ihnen auf Seite 1 direkt 4 Nischenseiten entgegenspringen, können Sie sich so gut wie sicher sein, dass bei der Nische die Konkurrenz doch zu hoch ist und dass es sich nicht lohnt dort einzusteigen. Sie verlieren in diesem Fall nur wertvolle Zeit bis Sie an Ihre Konkurrenz herankommen, falls Sie das überhaupt schaffen sollten.

Dieser Fall tritt allerdings vergleichsweise selten ein und ist nur bei Nischen mit einem hohem Suchvolumen der Fall, wie z.B. Laptop Test. Des Weiteren ist dies keine Nische mehr an sich. Denn Nischen beschreiben Themen, von denen viele Online Marketer nichts wissen, welche allerdings trotzdem profitabel sind. Dementsprechend würde ich Ihnen am Anfang empfehlen, wirklich eine Nische zu finden, die auch nichts Besonderes sein muss. Das heißt, dass das SV auch gar nicht hoch sein muss. 2000-3000 Suchanfragen pro Monat reichen für Ihr Hauptkeyword vollkommen aus. Außerdem ist es besser, wenn Sie sich langsam ins Thema einleben, ohne von der Konkurrenz beeinträchtigt zu werden. Es ist auch schwer, ohne praktisches Vorwissen konkurrierende Seiten zu überholen und sie SEO-technisch zu toppen.

Zusammenfassend also mein Tipp, dass Sie auf jeden Fall eine Konkurrenzanalyse vornehmen sollten und dies am besten mit einem Tool absolvieren. Somit gewinnen Sie wertvolles Wissen und einen Überblick, welcher Ihnen die Frage beantwortet, ob die Nische gut ist und ob es sich lohnt miteinzusteigen. Sie sollten auf jeden Fall nicht zurückschrecken, wenn auf dem ersten Blick die Konkurrenz groß erscheint. Merken Sie sich, dass für Google Qualität viel wichtiger ist als Quantität. Das bedeutet, dass Sie die konkurrierenden Seiten gründlich analysieren sollten, indem Sie sämtliche SEO-Faktoren unter die Lupe nehmen, wie z.B. Anzahl der Wörter auf der Startseite, Verlinkungen (intern/extern), Backlinks etc.

Falls Sie nicht wissen, was die SEO-Faktoren sind und wie Sie funktionieren, lesen Sie sich auf jeden Fall die Kapitel zum Thema SEO im 2. Teil dieses Buchs durch.

3.3 Keyword Analyse

Die Keyword Analyse steht im engen Zusammenhang mit dem Suchvolumen und beschreibt eine Recherche, die zu den relevantesten Schlüsselwörter führt. Diese beschreiben die Nische bzw. Ihre Seite am besten und sollten trotzdem ein ausreichendes SV besitzen. Bei Nischenseiten zum Thema Affiliate Marketing ist es herkömmlich, dass man immer auf dem „Test-Keyword" platziert wird. Ich möchte Ihnen ein Fallbeispiel geben. Wenn Sie eine Nischenseite zu Toastern führen, sollten Sie diese auf jeden Fall zum Schlüsselwort „Toaster Test" platzieren. Dieses sogenannte „Test-Keyword" ist für eine Nischenseite perfekt, da es in der Regel ein vergleichsweise akzeptables SV besitzt, was im gesunden Verhältnis mit dem Oberbegriff steht (in dem Fall das Keyword „Toaster", meistens ist das Verhältnis ungefähr 1:10). Das bedeutet, Sie können ziemlich leicht und schnell auf das Schlüsselwort ranken.

Ein weiterer Vorteil ist, dass die Suchenden bei jenem Suchbegriff mit den Suchergebnissen zufrieden sind, wenn Ihnen z.B. Ihre Seite angezeigt wird. Denn wenn sie nach einem Vergleichsportal oder ähnlichem suchen, wo sie den besten Toaster für sich finden können, werden sie bei Ihnen fündig. Denn genau das ist der Sinn von Nischenseiten. Somit ist die Klickrate bei solchen Begrifflichkeiten wie „Toaster Test", „Toaster Vergleich" usw. sehr hoch.

Bleiben wir bei unserem Toasterbeispiel und nehmen wir an, Sie nutzen diese zwei Keywörter, nämlich „Toaster Test“ und „Toaster Vergleich“. Das genügt natürlich nicht und jetzt stellen Sie sich die Frage, wie Sie an die anderen guten Schlüsselwörter kommen, die zu Ihrer Seite passen. Sie können es entweder auf die primitive Weise machen und kreativ sein, indem Sie auf Google gehen und Begriffe an das Thema Toaster anhängen, wie z.B. „Bester Toaster“ oder „Toaster unter 100€“. Eine andere Möglichkeit ist, dass Sie ein Keywordtool nutzen, das ich Ihnen mehr als empfehlen kann, da es schneller und präziser ist. Sie würden nicht glauben, was die Menschen alles bei Google eingeben und somit ein hohes SV besitzt. Der Market Samurai oder der Google Keyword Planer bietet sich hierbei auch wieder an, da man viele Vorschläge mit vielen Nebeninformationen genau gelistet bekommt. Wie viele Keywörter Sie benutzen sollten und welches Suchvolumen dafür angebracht ist, erkläre ich Ihnen im Kapitel zu SEO.

3.3.1 Lohnt sich die Investition in einen Keywordanalyse-Tool schon am Anfang?

Lohnen ja, notwendig nein! Als ich angefangen habe, wusste ich nicht einmal, dass ein solch gutes Tool überhaupt existierte. Trotzdem habe ich es geschafft, dass meine Seite stabil auf den Beinen stand, auch wenn mit vielen Hürden und schweren Hindernissen. Hätte ich von Anfang an den Market Samurai benutzt, hätte ich mehrere Monate und viele Arbeitsstunden gespart. Ich möchte Sie jetzt nicht davon überzeugen, dass so ein Keywordanalyse-Tool wie der Market Samurai ein Wunder ist und Sie definitiv zum Erfolg führen wird. Doch das Tool ist sehr hilfreich und kann ein wesentlicher Faktor sein, der Sie zum Erfolg führt. Denn Sie sind der Konkurrenz einen Schritt voraus. Dennoch kostet der Market Samurai Geld und das gerade nicht wenig.

Zum momentanen Zeitpunkt bietet Market Samurai eine kostenlose Probezeit, in der Sie einen kostenlosen Zugang zu sämtlichen Features bekommen. Diese erlauben Ihnen, sämtliche Information zu Ihrer Nische und zur Konkurrenz zu finden. Hier ist noch einmal der Link, wo Sie sich lediglich mit Ihrer Email und Ihrem Namen eintragen müssen, damit Sie den Downloadlink zugesendet bekommen:
http://www.marketsamurai.com/.

Doch bevor Sie das Tool downloaden, würde ich Ihnen empfehlen, dass Sie schon mal einige Ideen sammeln, um die Zeit, in der Ihnen das Programm zur Verfügung steht, komplett ausnutzen zu können. In diesem Zeitraum sollten Sie sich ausgiebig mit dem Tool anfreunden und jegliches relevante Wissen dokumentieren und für später aufbewahren. Sie können ruhig 10-15 Nischen aussuchen und für diese Informationen raussuchen, damit Sie auf jeden Fall fünf Nischen haben, in die Sie jederzeit einsteigen können. Wie die Nischensuche genau funktioniert, erkläre ich Ihnen im nächsten Kapitel.

Sobald Sie 3-5 Nischenseiten haben, die gut laufen und Ihnen kontinuierlich dreistellige Beträge liefern, sollten Sie das Geld auf jeden Fall in ein Keywordanalyse-Tool bzw. Konkurrenzanalyse-Programm investieren (z.B. Market Samurai). Anfangs allerdings sollten Sie sich wirklich mit dem kostenlosen Tool, wie den Google Keyword Planer und der kostenlosen Testphase von Market Samurai begnügen.

4. Kapitel: Die Schritt für Schritt-Anleitung zu Ihrer erfolgreichen Nischenseite

Kommen wir nun zu dem, was Sie wahrscheinlich am meisten interessiert, nämlich wie Sie Ihre Nischenseite aufbauen, die Ihnen 1000€ oder mehr pro Monat generieren soll. Diesen Prozess möchte ich Ihnen gerne als Schritt für Schritt-Anleitung erläutern, damit Sie gut mitkommen können und sogar parallel mitmachen. Wie bisher gehabt, werde ich die verschiedenen Prozeduren mit einem konkreten Beispiel veranschaulichen, damit Sie das Thema besser verstehen, da es praktisch bezogener ist. Ich verabscheue es nämlich, wenn jemand ein Thema zu theoretisch veranschaulicht und man als Leser oder Zuhörer gar nicht mitkommt. Oft kann man sich dies in der Realität nur schlecht vorstellen.

4.1 1. Schritt: Nischenfindung

Wie schon vorhin angesprochen, möchte ich Ihnen die Suche Ihrer Nische erklären und zeigen, wie ich meine Nischen erfolgreich gefunden und umgesetzt habe. Die Findung der passenden Nische steht hier auch im Zusammenhang mit dem Partnerprogramm, auf welches Sie bestanden haben. Denn Ihre Nische muss vom Partnerprogramm unterstützt werden. Booking.com (ein Reisevergleichsportal) stellt keine Gefrierschränke zur Verfügung, die Sie als Nische nehmen könnten. Dementsprechend müssen Sie schon im Vorfeld entscheiden, auf welches Partnerprogramm und somit auf welches Oberthema (Onlinehändler, wie z.B. Amazon oder Ebay, Dienstleistungsanbieter, wie z.B. auxmoney oder finanzen.de) Sie sich beschränken wollen. Das ist auch besser so, da so Ihre Suche leichter fällt. Die Auswahl wird begrenzt und Sie werden nicht von den Gewalten der Ideenvielfalt überströmt.

Nachdem Sie sich für Ihr Partnerprogramm entschieden habe, gehen Sie auf die Seite des Anbieters, um nach potenziellen Nischen zu suchen. Wenn Ihnen kein passendes Partnerprogramm zugelaufen kam, sollten Sie sich wie schon beschrieben mit dem PartnerNet von Amazon anfreunden und dort eine Nischensuche starten. So habe auch ich angefangen und bin ziemlich erfolgreich geworden.

Bei Amazon empfehle ich Ihnen, sich die Bestseller anzuschauen, um somit Produkte aufzufinden, die sich gut verkaufen und somit ein hohes SV haben. Sie weisen folglich auch positive Eigenschaften auf. Das können Sie schon aus den hohen Verkaufszahlen schließen. Dieser Link führt Sie direkt zur Auflistung der Bestseller, welche in ihre Kategorien eingeteilt wurden: **https://www.amazon.de/gp/bestsellers**.

Die Kategorien dienen dazu, um natürlich alles übersichtlicher zu gestalten. Doch vor allem sollen sie die Provisionsklassen verdeutlichen. Die Vergütung ist selbstverständlich nicht für jedes Produkt die gleiche, da ansonsten alle Nischenseiten aus sehr teuren Produkten bestehen würden. Denn diese liefern den höchsten Betrag aus. Hier sehen Sie die Liste mit den verschiedenen Kategorien und die dazugehörigen Provisionen:

https://partnernet.amazon.de/gp/associates/join/compensation.html.

Anhand der Prozentsätze können Sie auch entscheiden, welche Klasse Ihnen mehr zusagt.

Die Nischensuche beansprucht eine Menge Zeit, vor allem wenn Sie starten wollen und gar keine Idee haben, welches Produkt geschweige denn welche Kategorien die Nischen aufweisen. Daher würde ich Ihnen empfehlen, dass Sie sich wirklich einen oder mehrere Abende, wenn nicht sogar Tage, an den PC setzen und in Ruhe eine Nischensuche vornehmen. So habe ich es damals gemacht und mache es bis heute noch so. So können Sie parallel den Markt erforschen, da ständig neue Produkte und Kategorien von Amazon eingeführt werden. Somit steigen die Chancen, dass Sie der erste Marketer zum neusten Produkt werden. Leider kann ich Ihnen bei der Nischenfindung nicht mehr helfen, da dieser Punkt für jeden individuell ist und jeder für sich entscheiden muss, was ihm zusagt.

Allerdings kann ich Ihnen zum momentanen Zeitpunkt sagen, dass die Kategorie „Haushalt“ mit einer Provision von 5% und die Kategorie „Büroartikel“ mit einer Provision von 7% noch vergleichsweise offen ist. Wenn Sie richtig suchen, werden Sie viele Nischen finden, in denen die Konkurrenz kaum oder gar nicht vorhanden ist. Dies wäre mein Insidertipp an Sie, aber behilflicher kann ich Ihnen in dem Punkt leider nicht sein.

Nachdem Sie sich für Produkte oder eine Artikelklasse entschieden haben, müssen Sie die folgenden drei Punkte gründlich durchgehen und analysieren:

1. Verkaufsraten und Rezensionen

2. Vergütung

3. SV

Der erste Punkt ist sehr wichtig. Er erlaubt es Ihnen, erste Verkäufe und somit Gewinn mit dem Produkt zu erzielen. Deswegen empfiehlt es sich, bei Amazon die Bestseller durchzugehen. Dieser Punkt wird sodann automatisch erfüllt. Wenn die Verkaufsraten gering sind, bedeutet das entweder, dass der Artikel nicht zufriedenstellend ist oder dass die Kategorie eine kleine Zielgruppe und somit wenige Interessenten besitzt.

Sie können aber sichergehen, dass das Produkt gut und weiterzuempfehlen ist, wenn sich Rezensionen unter dem Artikel befinden, die hauptsächlich positiv sind. Das überzeugt auch den Kunden, da er somit einen guten Eindruck bekommt und die Wahrscheinlichkeit steigt, dass er einen Kauf tätigt. Im umgekehrten Fall können Sie daraus schließen, dass das Produkt nicht gut ist, wenn die meisten Rezensionen 1-2 Sterne beinhalten. Dies schreckt auch den Kunden ab und die Wahrscheinlichkeit sinkt, dass er einen Kauf tätigt. Denn die Bewertungen stammen von Kunden und besitzen somit ein sehr hohes Gewicht.

Der zweite Punkt hängt mit der Provisionsliste zusammen, welche ich Ihnen oben zur Verfügung gestellt habe. Zahlreiche positive Kundenbewertungen und akzeptable Verkaufsraten bringen Ihnen leider nicht so viel, wenn die Provision nur 1% beinhaltet. Bei einer so geringen Vergütung müssten Sie sehr viele Verkäufe im Monat tätigen, was durchaus möglich ist und bei einigen Klassen normal. Allerdings sind die Prozentsätze bei teuren Geräten sehr hoch. Daraus folgt, dass die Anzahl der Verkäufe aufgrund des hohen Preises auch eher mäßig ist. Am Rande würde ich Ihnen anfangs eine mittlere Provision von 3%-7% empfehlen. Hier sind die Verkaufszahlen durchschnittlich und es kommt hauptsächlich auf Ihre Seite an. Wenn die Seite gut ist, schlagen die Kunden zu. Denn die Preise sind verträglich und man muss sich nicht eine Woche lang darüber Gedanken machen, ob man das Produkt kaufen sollte oder nicht. Außerdem müssen Sie keine Besonderheiten beachten, wie es z.B. bei Massenverkäufen (z.B. Windeln) oder qualitativ hochwertige Einzelverkäufe (z.B. Heimkino) wäre.

3% - 7% / Amazon-Empfehlung

Provision /

Das Suchvolumen wäre der letzte Faktor, der zu erfüllen ist und steht mit dem ersten Punkt eng zusammen. Sobald das SV hoch ist, sind die Verkaufszahlen der Top Produkte auch hoch. In der Regel führt dies auch dazu, dass die Anzahl der Rezensionen höher ist. Denn die Vielfalt der Kunden steigt und somit theoretisch gesehen auch die Zahl der Kunden, die eine Bewertung hinterlassen. Selbstverständlich benutzen Sie für das Erfahren des SV ein Keywordanalyse-Tool, wie ich es Ihnen vor einigen Kapiteln geschildert habe. Ein hohes SV ist gut, aber sollte Sie nicht immer ansprechen! Was ich damit meine, erläutere ich Ihnen im Thema SEO näher. Denn das SV steht mit der Suchmaschinenoptimierung im engen Zusammenhalt.

Sobald Sie sich für eine Nische entschieden und einige Produkte schon notiert haben, welche Sie auf jeden Fall auf Ihrer zukünftigen Seite implementieren wollen, können Sie zu Schritt 2 gehen. Dort werden Sie endlich den ersten richtigen Schritt wagen, der Sie zu Ihrem erfolgreichen Online Business führt.

4.2 2. Schritt: Hoster suchen

Ihre Seite kann nicht auf einem Toaster laufen, das ist Ihnen sicherlich klar. Sie benötigen einen Server, auf dem sich Ihre Seite befindet. Dieser Server bzw. Hoster muss allerdings vertrauenswürdig sein und sehr gute Leistungen erbringen. Das bedeutet, dass Faktoren erfüllt werden müssen, wie z.B. 24h Zugang, guter Support (am besten deutschsprachig!), schnelle Geschwindigkeit (kurze Ladezeiten der Seite), ausreichender Speicherplatz usw.

Heutzutage sind die Preise der Hoster wirklich sehr niedrig und Sie können Ihre Seite schon für 1€ laufen lassen, obwohl die soeben genannten Faktoren ausgezeichnet erfüllt wurden. Ein solcher Hoster wäre AllInkl (**http://all-inkl.com/**), welchen ich von Anfang an benutze und mit dem sich nie Probleme aufgewiesen haben. Ich habe auch öfters mit dem Support Kontakt aufgenommen und dies auch telefonisch absolviert. Meine Wünsche wurden immer erfüllt und ich hatte keine Probleme. Des Weiteren gibt es für jeden und alle Vorstellungen ein Angebot. Unabhängig davon, ob Sie nur einen Blog laufen haben wollen oder Ihr eigenes großes Online Business über 20 Seiten und unzähligen Subdomains besitzen möchten, finden Sie etwas für Ihr Bedürfnis.

Für Sie als Durchstarter empfehle ich Ihnen, sich anfangs nur auf das Startpaket zu beschränken, womit ich auch angefangen habe. Ich war anfangs nämlich skeptisch, ob ich überhaupt etwas mit den Seiten erreichen werde und später nicht unnötig Geld bezahlen muss, obwohl ich das Projekt schon abgebrochen hatte. Dementsprechend habe ich mich für das „AllInkl Privat"- Paket (**http://all-inkl.com/?partner=493774**) entschieden, welches drei Domains beinhaltet und somit für den Anfang vollkommend ausreichend ist. Das ist natürlich anders, wenn Sie schon ein großes Projekt mit mehr als drei Seiten starten möchten, was ich Ihnen aber ohne Vorahnung nicht empfehlen würde. Gehen Sie am besten auf den Link und lesen Sie sich die Bedingungen und Dienstleistungen von dem Paket durch. Entscheiden Sie selbst, ob Sie das Angebot anspricht oder nicht. Sie können es im Nachhinein natürlich auch upgraden und somit mehrere Domains beanspruchen oder einfach auf das darauf folgende Paket wechseln. Das ist zwar teurer, aber verspricht mehr Dienstleistungen.

Nachdem Sie sich für AllInkl oder einen beliebig anderen Hoster entschieden haben, schließen Sie einen Vertrag ab, der von Hoster zu Hoster variiert. Daraufhin bekommen Sie persönliche Daten, die es Ihnen ermöglichen, auf Ihren Server zuzugreifen. Sie befolgen lediglich die von Ihnen geforderten Schritte und können dann z.B. Ihre Domain beantragen. Dieses Prozedere unterscheidet sich von Anbieter zu Anbieter und somit kann ich Ihnen keine universelle Anleitung zur Verfügung stellen. Allerdings empfehle ich Ihnen, falls Sie Probleme haben, Ihre Domain oder Ähnliches einzurichten und sich einfach auf YouTube einige Videos zu diesem Thema anzuschauen. Diese erklären Ihnen anhand des jeweiligen Hosters, wie das Einrichten der Domain oder das Anmelden auf dem Server funktioniert.

Nachdem Sie die den Vertrag abgeschlossen, sich auf Ihren Server eingeloggt und die Domain zu Ihrer Seite eingerichtet haben, können Sie WordPress auf den Sever installieren.

Wozu WordPress? WordPress ist ein sogenanntes Content-Management-System. Wie der Name schon sagt, liegt hier ein Programm vor, mit dem man den Inhalt der Seite bearbeiten kann. Auf gut Deutsch ist WordPress ein Programm, welches man auf seine Seite herunterlädt, damit man die Seite bearbeiten kann. Somit sind Sie in der Lage, sämtliche Inhalte auf die Seite zu packen. Die Software ist OpenSouce, was bedeutet, dass sie kostenlos ist und jeder Zugriff hat. Der Vorteil von WordPress ist die Vielfalt an Anpassungen, die man selbst als Laie vornehmen kann. Somit kann jeder Benutzer, der keine Ahnung vom Programmieren hat, das Programm benutzen und damit problemlos agieren. Es ist wirklich bemerkenswert, was man alles mit dieser Software designen und erreichen kann, ohne jegliches Programmierer Vorwissen zu besitzen. Das gleiche gilt für mich. Ich hatte zwar Informatikunterricht in der Schule und kenne mich wahrscheinlich ein bisschen besser mit PCs aus als manch anderer, dennoch war ich ein Anfänger, wenn es um das Thema Programmieren ging.

Ich könnte Ihnen in Textform erklären, wie die Installation von WordPress funktioniert, allerdings wäre dies zu unverständlich und Sie könnten sich darunter wahrscheinlich kaum etwas vorstellen. Darum bitte ich Sie, dass Sie einfach auf YouTube gehen und nach Tutorials suchen.

4.3 3. Schritt: Installation von einem Theme

Auch dieser Punkt ist ein großer Vorteil für die Mehrheit der Menschen, die nicht das Können eines Programmierers besitzen. Ein Theme ist das sogenannte Grundgerüst oder Grundkonzept Ihrer Seite. Das Theme bietet Ihnen Tabelle, Slider, Bars usw. Diese Elemente müssen Sie nicht lästig und aufwendig programmieren, sondern einfach wie Bauklötze zusammenführen. Sie müssen lediglich einige Änderungen vornehmen, damit Sie es individuell für Sie anpassen können und dann fehlt nur noch der Content, welchen Sie später in das Theme integrieren. Das hört sich im ersten Moment sehr einfach an und wissen Sie was? Genau so einfach ist es auch!

Deswegen ist das Erstellen von Nischenseiten der perfekte Einstieg in das Online Marketing. Denn man benötigt kein Vorwissen für sämtliche Themen, die es einem nicht erlauben erfolgreich zu werden. Vor allem der Punkt „Ach, ich kann doch gar nicht Programmieren und Informatik hängt doch viel mit Mathe zusammen und ist so kompliziert. Ich lass da lieber die Hände von“ tritt vollkommen außer Kraft. Es erlaubt Ihnen, dass sich Sie von diesen Menschen abheben und jenen Schritt eingehen.

Die Installation von einem Theme ist nicht schwer und um es Ihnen zu veranschaulichen, kann ich Ihnen nur ein Tutorial von Youtube vorschalgen

Bevor die Installation losgehen kann, gibt es allerdings ein Problem und das ist die Fragestellung, welches Theme man sich zulegen sollte. Da taucht vor allem die Frage auf, ob es kostenlos oder kostenpflichtig sein sollte. Wenn kostenpflichtig, wie viel sollte es dann kosten? Die Vielfalt der Themes ist so groß, dass man gar nicht mehr alle aufzählen kann. Dennoch würde ich Ihnen gerne meine zwei liebsten kostenpflichtigen Themes vorstellen. Es handelt sich hierbei um das „AffiliSEO“ (**http://affiliseo.de/?ref=397**) und das Affiliate Theme IO (**https://affiliatetheme.io/r/1520/**).

Beide Themes haben mich sehr überzeugt und waren mir auf meinen Seiten treu und benutzerfreundlich. Ich konnte sehr viele designtechnische Inhalte integrieren, die der Seite auf jeden Fall einen positiven Touch verabreicht haben. Dennoch muss ich gestehen, dass mir das IO Theme etwas mehr zugesagt hat, da die Tabellenfunktionen wirklich nicht zu überbieten waren. Ich konnte somit in meinen Seiten sehr viele Tabellen einbauen, die sehr gut und übersichtlich waren. Selbstverständlich musste ich mich bei beiden Anbietern an den Support wenden und musste feststellen, dass der Support vom IO Theme etwas besser und hilfreicher war. Des Weiteren sind die Preise und Angebote und somit auch die Auswahl vom IO besser als bei anderen Theme Anbietern.

Ich hatte auch viele andere Themes, allerdings konnte mich keins so überzeugen wie diese zwei. Doch vor allem an dem IO kommt nichts vorbei. Dementsprechend würde ich Ihnen das IO empfehlen und Sie bitten, dass Sie dazu recherchieren und schauen, ob dieses Theme etwas für Sie wäre.

Dennoch ist zu sagen, dass ich ganz am Anfang kein kostenpflichtiges Theme hatte, sondern lediglich ein kostenloses. Dies habe ich aus demselben Grund getan, den ich bei der Wahl vom Hoster geschildert habe. Ich wollte für den Start nicht zu viel Geld investieren, da ich Angst hatte, dass aus dem investierten Geld nichts wird. Vermutlich hätte es sich auch gelohnt, das Geld in ein Theme zu investieren, da dies dafür gesorgt hätte, dass die Höhe des Gewinns schneller gewachsen wäre. Allerdings denke ich, dass es letztendlich die richtige Entscheidung war. Daher empfehle ich Ihnen, dass Sie für den Anfang Ihrer ersten Seite ein kostenloses Theme benutzen. Für den Start reicht dies vollkommen aus, da andere Faktoren viel wichtiger sind, welche dafür sorgen, dass Ihre Seite gut platziert wird und gut ankommt.

Später, wenn Sie sehen, dass die Seite in Form von Klickzahlen und Verkäufen an Lauf gewinnt, können Sie ein kostenpflichtiges Theme in Betracht ziehen, was die Kunden mehr ansprechen wird. Ein Umstieg ist wie gesagt kein Problem und beansprucht nur ein bisschen Zeit und Arbeit, welche sich aber auf jeden Fall lohnt.

4.4 4. Schritt: Implementieren des Inhalts und SEO

Endlich nähern wir uns der wirklichen Aufarbeitung Ihrer Seite, nämlich vom Erarbeiten des Contents. Vorweg möchte ich Ihnen sagen, dass der Content das Wichtigste an einer Seite und die Ursache ist, warum die meisten Seiten keine Erfolge erzielen. Dementsprechend würde ich Sie bitten, dass Sie auf den Mehrwert achten, welcher sich permanent in dem Content der Seite wiederfinden muss.

Google achtet wie schon erwähnt viel mehr auf Qualität als auf Quantität. Das gleiche gilt für den Kunden. Sie müssen versuchen, dem Kunden das Bestmögliche zu bieten, damit er von Ihrer Seite überzeugt wird und somit einen Kauf tätigt. Umso schlechter der Inhalt der Seite ist, desto niedriger sind die Verkaufszahlen und die Platzierungen bei Google. Viele Wörter, gute Keyworddichten, eine angemessene Anzahl an Medien. Diese und noch viel mehr Faktoren zeichnen Ihre Seite aus und garantieren Erfolg. Schreiben Sie sich das am besten hinter die Ohren! Genau so wie den Satz „Content ist King!“. Nähere Informationen und Erläuterung der Faktoren erkläre ich Ihnen im Kapitel zu SEO.

Der Punkt mit den Medien ist vor Allem für die Kunden sehr wichtig und könnte dafür sorgen, dass Sie ihn überzeugen oder nicht. Mit Medien sind hauptsächlich Bilder oder Videos gemeint, welche der Seite nicht SEO-technisch in Form von Ankertexten weiterhelfen, sondern auch visuell etwas zu bieten haben. Eine Wand von Text tut nie gut und schreckt den Kunden ab, was zur Folge hat, dass die Absprungsrate steigt und somit auch die Conversion Rate sinkt. Hier müssen Sie aber aufpassen, dass Sie kein rechtliches Vergehen begehen, da Sie keine Rechte an den Bildern oder Videos besitzen. Dementsprechend ist es wichtig, dass Sie rechtlich abgesichert sind, indem Sie entweder Multimedia ohne Copyright benutzen oder das Einverständnis vom Urheber besitzen.

Bleiben wir bei rechtlichen Vergehen und sprechen die Impressumspflicht in Deutschland an. Ihre Nischenseite ist impressumspflichtig, da Sie öffentlich zugänglich ist und man somit bei Rückfragen wissen muss, von wem die Seite stammt oder wer der Verantwortliche dafür ist. Dementsprechend müssen Sie ein Impressum und ein Datenschutz auf Ihrer Seite implementieren, damit Sie rechtlich abgesichert sind. Dafür müssen Sie keinen Anwalt besorgen, welcher nur unnötig Geld kostet, sondern Sie können ganz einfach auf eRecht24 den Generator benutzen. Dieser stellt für Sie das individuell abgestimmte Impressum zur Verfügung. Der folgende Link führt Sie direkt zum Impressumsgenerator, wo Sie auch parallel den Datenschutz fertigen können: **https://www.e-recht24.de/impressum-generator.html**.

Falls Sie Probleme beim Erstellen haben, schauen Sie sich wieder auf YouTube Videos an, wo der Ablauf kurz und praktisch erklärt wird. Grundsätzlich gilt die 3-Klick-Regel, d.h. Ihr Impressum muss ab der Startseite innerhalb von 3 Klicks aufrufbar sein. Die meist benutze Position des Links zum Impressum befindet sich ganz unten auf der Seite, wo es den Kunden nicht stört und bei Interesse trotzdem sofort auffindbar und aufrufbar ist.

Impressums Generator

Nachdem Sie sich rechtlich abgesichert haben, fehlt nur noch, dass Sie das Design optimieren, bevor es erst richtig mit dem SEO losgeht. Sie sollten also die Features, die Ihr Theme zur Verfügung stellen, ausnutzen und optimieren. Stellen Sie sämtliche Tabellen fertig und im besten Fall bauen Sie noch andere benutzerfreundliche Features, wie z.B. Preisvergleiche oder Produktfilter. Dies ist allerdings wirklich nur möglich, wenn es Ihr Theme erlaubt. Dennoch sollten Sie es nicht übertreiben und Ihre Seite muss übersichtlich und strukturiert gestaltet bleiben. Somit wird der Kunde zufriedengestellt und die Bounce Rate bleibt gering.

Kapitel 5: Was ist SEO?

Vorweg möchte ich Ihnen den Begriff „SEO" erklären, welcher aus der englischen Sprache kommt und „Search Engine Optimization" bedeutet. Wortwörtlich auf Deutsch übersetzt bedeutet dies „Suchmaschinenoptimierung", worunter man konkret jegliche Maßnahmen bezeichnet, die dazu dienen, das „Ranking" Ihrer Website zu erhöhen. Das wiederum sorgt dafür, dass die Sichtbarkeit Ihrer Seiten in den Suchmaschinen optimiert wird, was zur Folge hat, dass Ihre Seite leichter zugänglich ist, und vor allem ein viel weiteres Spektrum an potenziellen Kunden anspricht. Fachlicher ausgedrückt wollen Sie mit SEO den Rang der unbezahlten Suchergebnisse, auch „Natural Listings" genannt, steigern.

Ein Synonym für den Begriff der unbezahlten Suchergebnisse ist die Bezeichnung „organische Suchergebnisse", welche die Einordnung der wertvollsten Beiträge bei Suchmaschinen angibt. Dementsprechend wird ein Kunde, der nach einem bestimmten Produkt oder Thema sucht, mit den besten Beiträgen bzw. Seiten bedient. Ihr Ziel ist es somit, unter den besten Suchergebnissen gelistet zu werden. Im besten Fall streben Sie den ersten Platz an, was natürlich das beste vorstellbare Ergebnis für Sie wäre. Umso höher Sie sich in den Suchergebnissen befinden, desto mehr Traffic springt für Sie raus und logischerweise somit auch mehr Kunden, von denen Sie durchaus profitieren können. Wussten Sie, dass die ersten fünf Suchtreffer bei der Suchmaschine „Google" ca. 75% der Klicks bekommen? Ich denke, sie können sich nun gut vorstellen, dass es wirklich von höchster Relevanz ist, ein Top-Ergebnis zu sein.

Das Betreiben von SEO ist vor allem bei „Google“ von hoher Relevanz. Google besitzt mit sehr großem Abstand die größte Anzahl an Benutzern im Vergleich zu anderen Suchmaschinen, wie z.B. Bing oder Yahoo. Dementsprechend ist das Optimieren von der Suchmaschinen Google sehr wichtig, aber leider Gottes auch am aufwendigsten. Allerdings gibt es ungefähr 200 verschiedene Faktoren, die die „Optimization“ ins Positive beeinflussen können. Darunter fallen auch viele unterschiedliche Arten und Weisen, wie Sie dafür sorgen können, dass Ihre Seite in den Suchmaschinen sehr hoch platziert wird.

Die wohl am berüchtigtste Methode ist das Setzen von *guten Backlinks* und die vorab *gründliche Keywordanalyse.* Zwei weitere sehr bekannte, und vor allem effektive Varianten des SEOs sind das Verbessern der „On-Page“ und „Off-Page“. Dabei ist es wichtig zu erwähnen, dass die Suchmaschinenoptimierung zu ca. 75% „Off-Page“ und die restlichen 25% auf der „On-Page“ passiert. Sie wissen nicht, was diese zwei Begrifflichkeiten bedeuten? Sie müssen sich keine Sorgen machen. Selbstverständlich werde ich Ihnen alles im Detail erklären, allerdings will ich Ihnen erstmal einen groben Überblick verschaffen, damit Sie sich besser mit der Materie auseinander setzen können.

Faktoren von SEO bzw. die Arten davon ändern sich ständig, und wenn man die vergangenen Jahre miteinander vergleicht, wird man bemerkenswerte Unterschiede finden. Allerdings ist und bleibt das Prinzip von der Suchmaschinenoptimierung gleich! Im Wesentlichen bezieht es sich immer auf die On-/Off-Pages und deren Faktoren. Trotzdem ändern sich die Werte der jeweiligen Methoden. Konkreter gesagt, kann es durchaus vorkommen, dass z.B. Google nun denkt, dass die On-Page doch ein bisschen mehr Wert bekommen sollte als bisher.

D.h. dass man nun die Bedeutung ganz primitiv gesagt auf 60% Off-Page und 40% On-Page hochstuft. Abgesehen davon müssen Sie beachten, dass auch andere Faktoren eine wesentliche Rolle spielen und somit ein bestimmtes Zusammenspiel zwischen den verschiedenen SEO-Arten herrscht. Wenn wir nun bei dem Beispiel Google bleiben, kann ich Ihnen sagen, dass diese Suchmaschine des Weiteren viel Wert auf die Domain legt. Darunter versteht man die Aktivität bzw. Inaktivität der Domain seit der Registrierung. Dementsprechend ist es wichtig auch dieses Kriterium zu erfüllen, und kontinuierlich für neuen und vor allem guten Content zu sorgen, der diese auf „Trapp“ hält.

Es ist wichtig noch einmal den Begriff „Zusammenspiel“ für Sie genauer zu erläutern. Sie können eine noch so gute On-Page haben oder noch so oft guten und großen Content auf Ihre Seite packen. Doch es bringt Ihnen kaum etwas, wenn Sie nicht alle wesentlichen Faktoren des SEOs beachten. Selbstverständlich kann man viel mit einer herausstechenden Off-Page erreichen, das möchte ich nicht verleugnen. Ein guter Fußballspieler kann ab und zu alleine ein paar gegnerische Spieler austricksen und möglicherweise aus eigener Kraft ein Tor schießen. Trotzdem ist und bleibt es ein Sport, in dem man als Team viel mehr erreichen kann und genau so ist es auch beim SEO! Dementsprechend ist es wichtig, den Pool der wesentlichen SEO-Arten gedeckt zu haben. Wie dies im Detail funktioniert, werde ich Ihnen in den nächsten Kapiteln natürlich näher erläutern.

Fazit:

Suchmaschinen wie Google möchten ihren Benutzern selbstverständlich den bestmöglichen Content liefern, und packt somit die ihrer Meinung nach besten Seiten nach ganz oben. Ihr Ziel sollte es somit sein, ganz oben zu sein, um mehr Kunden und dementsprechend mehr Traffic zu erreichen. An Ihnen liegt es nun, Google zu überzeugen, dass Sie eine gute und vertrauenswürdige Seite für die jeweiligen Keywords besitzen. Dies gelingt Ihnen mit SEO, wo sie verschiedene Faktoren und Arten erfüllen bzw. anwenden müssen, damit die Suchmaschine sehen kann, dass Ihr Content den User anspricht. Es gibt ungefähr 200 unterschiedliche Faktoren, die dafür sorgen, dass Ihre Seite höher platziert wird, wie z.B. „On-/Off-Page". Wichtig ist jedoch zu sagen, dass es nicht reicht, wenn Sie nur einige der Kriterien des SEOs erfüllen! Um der Suchmaschine zu zeigen, dass Sie gut sind, muss eine bestimmte Atmosphäre zwischen den Faktoren herrschen - ein Zusammenspiel. Anhand der Kooperation zwischen den verschiedenen Methoden können Sie Google leicht überzeugen und Sie können davon unvorstellbar viel profitieren. Durch die höhere Platzierung springt für Sie eine deutlich größere Masse an Kunden heraus, die für mehr Traffic auf Ihrer Seite sorgen und vor allem können Sie somit viel mehr Benutzern Ihr Anliegen oder Ihr Produkt veranschaulichen. SEO ist das A und O, wenn es um das Thema Website oder, ein wenig interessanter, Online Marketing geht.

Kapitel 6: „On-Page"-Optimierung

Der bisher schon öfters gefallene Begriff „On-Page" beschreibt im Groben nur ein Kriterium, nämlich sämtliche Faktoren, die die Seite „wirklich" ausmachen. Um es verständlicher auszudrücken, kann man die „On-Page" als die Grundlage bezeichnen, wo sich der Inhalt der ganzen Seite befindet, wie z.B. der **Content**, also **Texte**, **Bilder** etc. Noch konkreter bedeutet dies schlicht und einfach, dass man sämtliche Aktivitäten und Tätigkeiten auf der eigenen Seite (!) oder auf dem Server absolviert. Daher kommt auch die Bedeutung „On-Page", auf gut Deutsch übersetzt „**Optimierung AUF der Seite**".

6.1 Content in Form von Texten

Der wohl wichtigste Faktor für das Betreiben von SEO auf der On-Page ist das Optimieren der Texte. Dazu kommt noch, dass der Wert der Texte nicht nur die Suchmaschinen interessiert, sondern natürlich auch den Besucher Ihrer Seite, da dies logischerweise zum größten Teil Ihre Seite ausmacht. Nun können Sie sich die Frage stellen, was die Texte auf Ihrer Website auszeichnet und von den anderen Betreibern abhebt. Wichtig ist auch hier zu erwähnen, dass sich der Content durch die Kombination der Faktoren zusammensetzt, wie das schon beschriebene Betreiben von SEO im ersten Kapitel.

6.2 Keywords

6.2.1 Anzahl der Keywordarten

Bevor Sie sich entscheiden, die Texte für Ihre Seite zu schreiben oder outsourcen zu lassen, müssen Sie sich für die jeweiligen Keywörter entscheiden, für die Sie ranken möchten. Die **Anzahl der Keywörter** allgemein und die der verwendeten Keywords spielt eine große Rolle, und kann bei Missachten dafür sorgen, dass sie nichts bringen, was Ihnen das Genick brechen kann. Hier müssen Sie beachten, dass es keine allgemeingültige Regel des Benutzens der Keywörter gibt. Die Anzahl der Wörter unterscheidet sich vor allem durch den Typus der Seite, die Sie betreiben. Als Grundsatz spricht man von ca. **3 Keywords** oder **Keyword-Phrasen**, die sich auf der Startseite befinden. Dies sollten dann auch Ihre Top-Keywords sein, für die es sich lohnt zu ranken. Das bedeutet, dass sie ruhig allgemeiner gestaltet sein können, und dazu noch eine hohe Anfrage haben, d.h. ein hohes Suchvolumen. Es kann aber auch vorkommen, dass es sich durchaus lohnt mehr Schlüsselwörter zu benutzen.

Dies ist vor allem bei Nischenseiten der Fall, wo man sich nicht nur auf drei Keywörter festsetzt, sondern auch andere integriert, die möglicherweise nicht so von hoher Relevanz sind. Dadurch spricht man eine größere Gruppe an Suchern an, da man für mehr Schlüsselwörter platziert wird. Dennoch sollte man es auch hier nicht übertreiben, da auch in diesem Fall zu viel nicht gut ist. Sie können sich trotzdem an ca. 5-6 Keywords wagen, die aber wie schon angedeutet keine hohe Relevanz haben sollten. Die Suchanfragen für die Wörter sollten vergleichsweise eher kleiner sein. Das bedeutet, dass sie nicht den fünfstelligen Bereich betreten sollten. Im niedrigen vierstelligen Bereich lässt es sich leichter ranken, da die Konkurrenz kaum vorhanden ist. Dies wäre somit auch ein Methode, viele Benutzer auf Ihre Seite zu locken, da es bei einem kleinen Suchvolumen durchaus vorkommen kann, dass 95% der Sucher auf Ihre Seite kommen. Voraussetzung ist natürlich, dass sie trotzdem gut platziert ist, was aber in diesem Fall durchaus machbar ist.

6.2.2 Keyworddichte

Die Keyworddichte beschreibt die Anzahl der Keywörter im Verhältnis zum Text. Das bedeutet, dass man die gesamte Anzahl der Wörter nimmt und diese durch die Summe der Schlüsselwörter teilt. Als Ergebnis bekommen Sie eine Dezimalzahl, die Sie am besten in einen Prozentsatz umrechnen, da es sich damit leichter arbeiten lässt, und dies die universelle Schreibweise zu diesem Thema ist. Der Hintergedanke der Keyworddichte ist der, dass man ein gesundes Verhältnis zwischen den Wörtern haben möchte, für die man platziert wird, und den anderen nicht wesentlichen Wörter. Die Suchmaschine (Google) kann somit überprüfen, ob der Seite vertraut werden kann und ob sie dementsprechend qualitativ hochwertig ist. Sie können sich schon denken, dass die Suchmaschine das Gegenteil unternimmt, wenn sie etwas als hochwertig einstuft.

Auch beim Übertreiben der Keyworddichte, kann Google Sie mit einem Penalty aus dem Register werfen. Resultat: Sie landen (wenn überhaupt!) auf einer der letzten Seiten und kein Sucher wird Ihre Seite auffinden können. Um dies zu vermeiden, müssen Sie ganz einfach die Richtwerte einhalten, die Sie definitiv nach oben katapultieren werden. Allerdings gibt es auch mal wieder in diesem Themengebiet keine allgemeingültige Regel, da sämtliche Faktoren die Einstufung von Google beeinflussen. Als größten Faktor kann man aber die Länge der Texte oder Ihrer Seite nehmen. Bei kürzeren Texten (200-300 Wörtern) muss man eher öfters zu den Schlüsselwörtern greifen, da Sie nur dadurch der Suchmaschine klar machen können, dass Sie explizit für diese Wörter platziert werden möchten. Bei so kleinen Texten wäre es typisch, das Keyword 3-4 Mal zu benutzen.

Allerdings wird Google somit nicht klar gemacht, dass Sie diese Wörter zum Ranken nutzen wollen, da andere irrelevante Wörter möglicherweise in der gleichen Anzahl auftauchen. Dementsprechend müssen Sie es wirklich bei kürzeren Texten vergleichsweise etwas „übertreiben", das bedeutet eine Keyworddichte von ca. 4-6% ist perfekt, und die Suchmaschine wird Sie für diese Wörter ranken lassen. Bezogen auf ein Beispiel wären das bei einem Text mit einer gesamten Wortanzahl von 250 Wörter eine Summe von 10-15 Schlüsselwörtern. Selbstverständlich wird Sie die Suchmaschine nicht rausfiltern, wenn Sie das Keyword 1-2 Mal zu oft genutzt haben. Dennoch sollten Sie die Anzahl im Blick behalten und am besten eine Strichliste oder ähnliches für das jeweilige Schlüsselwort führen.

Wenn Sie vorhaben, längere Texte zu schreiben, müssen Sie den Ansatz der Keyworddichte minimieren. Als kleine Grundregel können Sie sich merken, dass um so größer die Wortanzahl ist, desto kleiner ist die Keyworddichte. Nehmen wir nun an, Sie möchten für Ihre Seite einen etwas längeren Text mit einer Wörteranzahl von ca. 700 Wörtern verfassen. Damit Ihr Text ein Knaller wird, sollten Sie, wie gesagt, die Dichte minimieren, in diesem Fall wären das ungefähr 2-3%, was konkret auf das Beispiel bezogen umgerechnet 14-21 Mal das Benutzen vom gleichen Schlüsselwort entspräche. Ein weiteres praktisches Beispiel: Sie betreiben eine Nischenseite und möchten eine Wörteranzahl auf Ihrer Startseite von ca. 2500 haben. Des Weiteren haben Sie für Ihre Nische 4 gute Keywords gefunden, die gut zu Ihrem Thema passen. Da die Summe der Wörter so hoch ist, minimieren wir die Keyworddichte etwas, um sie anzupassen und nicht in den Filter der Suchmaschine zu landen.

Eine Dichte von 1,5% ist in diesem Fall angemessen. Nehmen wir diesen Wert und multiplizieren ihn mit der gesamten Summe der Wörter, erhalten wir ein Ergebnis von ca. 38. Diese Zahl spiegelt den ungefähren Gebrauch von jedem einzelnen Keyword wieder. Sie wollten auf Ihrer Startseite 4 Schlüsselwörter einfügen, d.h. 4 x 38 = 152. Dementsprechend muss Ihre Startseite insgesamt 152 (4 Keywords à 38 Mal) Schlüsselwörter besitzen. Im ersten Moment erscheint Ihnen das vielleicht viel, aber konkret bezogen, bedeutet dies lediglich, dass jedes 16. Wort etwas mit Ihrem Thema zu tun haben sollte, da die Schlüsselwörter Begrifflichkeiten sind, die Ihr Thema beschreiben. Beim Schreiben wird Ihnen auffallen, dass das gar nicht so viel ist und Sie auf Alternativen zurückgreifen müssen, wie z.B. Synonyme.

Ungefähre Richtwerte der Keyworddichte:

Kürzere Texte:

200-350 Wörter = 6-5% Keyworddichte
350-500 Wörter = 5-4% Keyworddichte

Längere Texte:

500-750 Wörter = 3-2% Keyworddichte
750-1000+ Wörter = 2-1% Keyworddichte

6.2.3 Synonyme

Apropos Synonyme! An sich sind alle Keywörter, die Sie benutzen, gleich. Sie unterscheiden sich in der Regel nur in kleinem Maße, da z.B. ein Wort anders ist, oder ein Synonym verwendet wurde. Ein Synonym ist einfach eine andere Begrifflichkeit für das eigentlich benutzte Wort. Das sorgt für Abwechslung in Ihren Texten, und Sie können somit ganz einfach für das gleiche Thema noch besser platziert werden, obwohl Sie das gleiche Thema nur mit anderen Wörtern beschreiben. Ein Beispiel wäre dazu: 27 Zoll Monitor kaufen, 27 Zoll Monitor Test, 27 Zoll Monitor Vergleich etc. Selbstverständlich können Sie Schlüsselwörter verwenden, die themenrelevant sind, sich dennoch unterscheiden und andere Wörter beinhalten, wie z.B. Gaming Bildschirm. Synonyme sorgen für Abwechslung in Ihren Texten und Ihre Texte sind somit leichter zu lesen, was eine positive Wirkung auf den Leser bewirkt.

Zum Schluss möchte ich noch erwähnen, dass die Suchmaschine nicht nur den Text analysiert und durchgeht, sondern auch externe Textinhalte, wie z.B. Bilder-Tags oder Überschriften. Falls sich ein gewünschtes Keyword in jener Überschrift oder ähnlichem befindet, wird dies wahrgenommen und sollte somit von Ihnen mitgezählt werden.

Des Weiteren müssen Sie sich nicht strikt an diese Werte halten. Sie können die Keyworddichte von Text zu Text auch variieren, und können damit dafür sorgen, dass die Suchmaschine erkennt, dass Ihre Seite nicht künstlich geschrieben wurde. Abgesehen von den ganzen technischen Werten, sollten Sie den Besucher auf Ihrer Seite nicht vernachlässigen. Dementsprechend sollten Sie versuchen, dass Ihre Keywörter gesund verteilt sind, da dem Nutzer dies beim Lesen möglicherweise auffallen könnte, was für den potenziellen Kunden abschreckend wirkt. Zusammenfassend kann ich Ihnen also sagen, dass die Texte menschlich gehalten werden sollten, da dies dem Sucher und der Suchmaschine sonst negativ auffällt.

6.2.4 Woher soll ich wissen, welche Keywords zu meiner Seite passen?

Schlussendlich möchte ich Ihnen diese Frage beantworten, die sich jene höchstwahrscheinlich schon gestellt haben. Ihr Keyword muss, wie gesagt, themenrelevant sein. Doch was bedeutet das? Wenn die Sucher ein Keyword bzw. einen Suchbegriff eingeben, sollten die Suchergebnisse für sie plausibel erscheinen, damit sie auf die vorgeschlagenen Seiten gehen. Dementsprechend sollten Sie sich Gedanken machen, welche Schlüsselwörter zu Ihrer Seite passen würden, die somit die Kundschaft anspricht.

6.2.5 Keyword-Tool und Keywordrecherche

Ihre Seite wird ein Hauptthema haben. Das ist gar keine Frage. Nun können Sie sich überlegen, welche Begriffe noch zu Ihrer Seite passen würden. Sie können sich auch die Frage stellen, ob man kleine Begrifflichkeiten an das Hauptthema anhängen könnte, wie im obigen Beispiel beschrieben (27 Zoll Monitor kaufen/Test/Vergleich usw.). Wenn Sie nun ein paar Ideen gesammelt haben, müssen Sie Abhilfe schaffen.

Dies erledigen Sie am besten mit einem Tool bzw. mit einem Keyword-Tool oder Keyword-Planer. Anhand eines solchen Programms können Sie sehen, welche weiteren Schlüsselwörter für Ihre Seite geeignet sind und wie hoch das Suchvolumen vom jeweiligen Keyword ist. Wie schon am Anfang des Kapitels beschrieben, lohnt es sich nicht, für jedes Keyword zu ranken. Denn es gibt einige, für die es sich nicht lohnt und ein paar, für die es sehr schwer ist von der Suchmaschine gut platziert zu werden. Anhand des behilflichen Programms können bzw. müssen Sie entscheiden, welches Keyword gut und in der Praxis auch anwendbar ist.

Wie Sie sich konkret mit so einem Keyword-Tool befassen, kann ich Ihnen leider nicht genauer erklären, da die Auswahl zu groß ist und somit auch die Unterschiede zwischen den jeweiligen Programmen. Des Weiteren würde dies zu viel Zeit beanspruchen, die man in andere wichtigere Themengebiete besser gebrauchen könnte. Allerdings sind vom Grund auf alle Keyword-Planer gleich. Es kann natürlich sein, dass das eine Programm ein Feature mehr besitzt, dafür ist das andere übersichtlicher. Leider sind sehr viele Tools nicht kostenlos und Sie müssten in Raten die Dienstleistungen des Programmes entlohnen, was ab und zu vergleichsweise viel kostet. Deswegen sollten Sie sich gründlich informieren, ob es nicht vielleicht für die gleichen Leistungen auch Preise in einer niedrigeren Klasse gibt.

Der wohl am meist verbreitete Keywordhelfer ist das Programm von Google selbst namens „Google AdWords: Keyword Planer“. Sie haben bestimmt schon mal davon gehört. Sollte dies nicht der Fall sein, kann ich Ihnen garantieren, dass das Tool eines der Besten ist, wenn man in Betracht zieht, dass es kostenlos ist. Sie brauchen lediglich ein Konto bei Google. Dann kann die Keywordrecherche schon losgehen. Meiner Meinung nach ist auch das Tool namens „Market Samurai“ für Online Marketer sehr gut und kann Ihnen behilflich sein. Mir persönlich ist kein Programm bekannt, das so viele und vor allem hilfreiche Features mit sich bringt. Sie können nicht nur nach guten Schlüsselwörtern für Ihre Seite suchen, sondern die Suche auch erweitern und andere Gebiet betrachten. Sie können zum Beispiel die Konkurrenz analysieren und somit sehen, ob man die bestplatzierten Seiten schlagen kann, obwohl Sie auf Seite 1 oder ähnlichem sind. Allerdings kommt nun der Haken an der Geschichte. Denn wie Sie sich schon denken können, kann dieses Programm nicht für jeden kostenlos verfügbar sein, wenn es doch so gut ist.

Das stimmt. Sie müssten dann wohl oder übel in regelmäßigen Abständen Geld dafür blechen. Trotzdem besitzt das Programm zum momentanen Stand eine Testphase von einem bestimmten kurzen Zeitraum. Ich kann Ihnen wirklich ans Herz legen, dass Sie den kostenlosen Probezeitraum nutzen und entscheiden, ob das Tool gut für Sie ist oder nicht. Anschließend können Sie sich fragen, ob sich der Kauf lohnt oder nicht. Wenn Sie an meiner Meinung interessiert sind, kann ich Ihnen raten, dass Sie vorerst auf kostenlose Keyword-Planer zurückgreifen, die es Ihnen ermöglichen, das Grundwissen ohne Kosten zu erlangen.

Wenn Sie allerdings schon ein bisschen fortgeschrittener sind und sich in bessere bzw. größere (anspruchsvollere) Themengebiete wagen möchten, sollten Sie sich dementsprechend auch ein effektiveres Recherche- bzw. Analyseprogramm zulegen. Meiner Meinung nach lohnt sich die Investition, da Sie sich somit wirklich wichtiges Wissen aneignen, was Ihre Konkurrenz höchstwahrscheinlich nicht hat. Auf die Konkurrenzanalyse werde ich mich noch konkreter in einem der folgenden Kapitel beziehen, allerdings wollte ich Ihnen dies schon mal als kleine Randnotiz mitgeben, falls Sie eine Pause beim Lesen einlegen möchten.

Ich würde mich gerne noch einmal mit der Größe des Keywords und die damit zusammenhängende Bedeutung auseinandersetzen. Das Keyword sollte in einem realistischen Bereich sein. Das bedeutet, dass Sie gar nicht erst versuchen sollten, für ein Schlüsselwort mit einem Suchvolumen von 500.000 zu ranken, da dies schlichtweg fast unmöglich ist. Selbstverständlich können Sie sich ein bisschen herausfordern und ein Keyword der obigen Klasse wählen, d.h 5-stellig oder mehr. Allerdings sollten Sie sich im Klaren darüber sein, dass die Konkurrenz bei hohem Suchvolumen steigt, sowohl von der Menge her als auch von der Qualität.

Ich möchte Sie nicht ermutigen, Ihr Ziel anzustreben. Allerdings sollten Sie sich wirklich fragen, ob Sie effektiv schnellstmöglich auf diesem Keyword platziert werden können oder nicht. Auf was ich hinaus will, ist einfach, dass die Komplexität des Schlüsselworts auf Ihr Niveau anzupassen ist. Ihr Fachwissen, Ihre Erfahrung, Ihr erlerntes Entscheidungsvermögen wählen aus, ob Sie sich dem Keyword bzw. den Schlüsselwörtern stellen sollten oder nicht. Umso mehr Sie sich im Thema Online Marketing auskennen und befassen, desto höher kann das Suchvolumen des Keywords sein, was Sie verwenden können. Natürlich kann auch ein Laie sich einem anspruchsvolleren Keyword stellen, nur ist jetzt die Frage, ob die Person auch weiß, wie man damit umzugehen hat.

Dennoch ist einem Anfänger nicht bewusst, was noch alles hinter dem Keyword steckt bzw. was es überhaupt bedeutet, Seite 1 auf Google mit einem 5-stelligen Schlüsselwort zu sein. Dementsprechend sollten Sie wie gesagt als Amateur wirklich anfangs klein anfangen (im niedrigen vierstelligen Bereich) und sich zu späterer Zeit hocharbeiten (vielleicht sogar bis in den sechsstelligen Bereich). So eignen Sie sich wichtiges Wissen selber an und sorgen dafür, dass Sie sich im gehobenen Bereich von schweren Keywörtern, wo sich kaum einer hintraut, bestens auskennen.

6.2.6 Länge des Keywords

Die Länge des Keywords beschreibt ganz schlicht, wie lang Ihr gewähltes Schlüsselwort ist. Das bedeutet, aus wie vielen Wörtern bzw. Buchstaben sich der Begriff zusammensetzt. Dabei unterscheidet man zwischen zwei Kategorien, nämlich die „Short Tails“ und die „Long Tails“. Das Problem bei der Entscheidung zwischen den beiden Arten ist die Entscheidung, welche Vorteile einem mehr zusagen. Die beiden Varianten sind quasi das Gegenteil zueinander, was man sehr gut an den Nachteilen bzw. Vorteilen erkennen kann. Die Pro-Argumente von den Short-Tails sind die Nachteile vom Long-Tail. Umgekehrt gilt dies natürlich auch. Das bedeutet, dass die Contra-Argumente vom Long-Tail die Vorteile vom Gegenstück sind.

6.2.7 Short Tail

Short Tails sind auch als Short Head bekannt. Sie bezeichnen ein Keyword, das wirklich nur aus einem einzigen Wort zusammengesetzt ist, wie z.B. Badewanne oder Politik. Der wohl klarste Vorteil dieser Methode ist, dass der Begriff sehr allgemein gehalten ist. Daraus folgt, dass das Suchvolumen sehr hoch ist. Ich denke, dass dies logisch für Sie erscheint, wenn man in Betracht zieht, dass mit nur einem Wort das ganze Thema beschrieben werden kann und somit ein großes Spektrum angesprochen wird. Damit wären wir beim zweiten Punkt, nämlich beim hohen Wettbewerb. Aus dem hohen Suchvolumen lässt sich also schließen, dass die Konkurrenz ziemlich hoch ist.

Das habe ich Ihnen schon zum Thema Keywordrecherche erklärt. Das Problem dabei ist nun also, dass zum einem das Ranking schwieriger gemacht wird, somit dauert es länger und es ist vor allem schwieriger, gut platziert zu werden. Aus der hohen Wettbewerbsbereitschaft lässt sich ein weiterer Punkt herausziehen, nämlich die Tatsache, dass dadurch die Conversion-Rate leidet. Die Conversion-Rate betrifft nicht jede Seite und sie ist möglicherweise für Sie irrelevant, da Sie kein Geld mit Ihrer Seite erzielen möchten. Dennoch ist dieser Begriff für die meisten Webseitenbetreiber sehr wichtig und beschreibt, wie hoch Ihre Einnahmen sind. Die Conversion-Rate hat verschiedene Bezüge, doch im Groben sagt sie aus, wie viele Leute auf Ihr Produkt oder Ref-Link gehen und dann einen Kauf, Abonnement, Eintragung ihrer Email usw. tatsächlich durchführen. Um diesen Wert zu erhalten, teilt man die tatsächlichen Kunden mit der Anzahl der Nutzer bzw. Besucher. Als Ergebnis erhält man eine positive Dezimalzahl, die in der Regel als Prozent angegeben wird. Daraus lässt sich also eines schließen. Umso kleiner die Conversion-Rate (also der Prozentsatz) ist, desto kleiner ist auch der Gewinn von Kunden oder Geld. Die Conversion-Rate werde ich Ihnen in den nachfolgenden Kapitel näher erläutern. Dies dient lediglich zur Klärung des Begriffs!

6.2.8 Long Tail

Long Tails sind also das Gegenteil von den Short Tails. Doch was bedeutet dies im Detail? Long Tails besitzen das Auszeichnungsmerkmal, dass sie aus mehreren Wörtern zusammengesetzt sind, wie z.B. Badewanne kaufen oder Politik in Deutschland. Die zusätzlich angehangenen Wörter dienen dazu, das Thema oder Gebiet genauer und präziser zu beschreiben. Somit fokussiert man sich wirklich auf ein spezielles Themengebiet, was allerdings auch seine Vor- und Nachteile mit sich bringt.

Durch die Konkretisierung des Oberbegriffs sinkt automatisch das Suchvolumen. Das geringe Suchvolumen bringt allerdings auch Vorteile mit sich, wie z.B. die Tatsache, dass durch das minimale Suchaufkommen auch die Konkurrenz stark abnimmt. Ein Wettbewerb oder ein Konkurrenzkampf ist bei Long Tails kaum oder gar nicht vorhanden. Dadurch steigt auch Ihre Conversion-Rate. Denn es gibt keine Vielfalt an Alternativen, wo der Kunde zurückgreifen könnte. Es kann dementsprechend gut sein, dass Ihre Seite die einzige auf dem Markt ist, was dafür sorgen kann, dass Sie schnell und vor allem hoch platziert werden.

6.2.9 Welcher Tail ist nun besser für meine Seite?

Diese Frage lässt sich leider nicht allgemein beantworten, da jedes Tail seine Vor- und Nachteile hat. Um genauer zu sein, profitiert die eine Methode, wo die andere scheitert. Deswegen ist dies komplett situationsabhängig und nur Sie selbst können entscheiden, was besser für Sie und Ihre Seite ist. Wie schon bei der Keywordrecherche beschrieben, kann ich Ihnen die Long Tails guten Gewissens ans Herz legen, falls Sie ein Anfänger sind. Der Grund ist simple. Es gibt kaum Konkurrenz und gleichzeitig ein schnelles bzw. effektives Ranking, was dafür sorgt, dass Sie langsam von Grund aus lernen, was bei Keywords zu beachten ist. Des Weiteren werden Sie nicht überfordert, sondern haben einen guten Überblick über das Thema. Falls Sie nur eine kleine Seite am Rande laufen lassen wollen, wie z.B. einen kleinen Blog oder eine Nischenseite mit vergleichsweise wenig Content, eignen Sie Long Tails auch gut, da Ihre Zielgruppe klein ist und für Ihre Verhältnisse dann auch ausreichen sollte.

Wenn Sie nun erfahrener im Thema Online Marketing oder SEO sind, sollten Sie sich an die Short Tails trauen, die Ihnen mehr Traffic und somit viel mehr Gewinn einbringen können. Das Ranking dauert länger, keine Frage, allerdings sind die Erfolge bei einer guten Platzierung bei weitem nicht mit einem Long Tail zu vergleichen. Letztere weisen wenn überhaupt ein Hundertstel vom Suchvolumen des kurzen Keywords auf. Des Weiteren sollten Sie durchaus auf Short Tails setzen, wenn Sie planen, eine größere Seite zu veröffentlichen, wie z.B. eine Portalseite, die über 50.000 Wörter an Content besitzt.

Meine Empfehlung für Sie:

Ich würde Ihnen grundsätzlich empfehlen, eine gesunde Mischung zwischen den Long- und Short Tails einzugehen, unter der Voraussetzung, dass Sie keine besondere Seite verfassen wollen, wo sich nur eine der zwei Varianten eignet. Unabhängig davon, ob Sie eine vom Umfang her normale Nischenseite oder einen Newsletter schreiben wollen, ist es ein sehr positives Zeichen für die Suchmaschine, wenn sowohl Short Tails als auch Long Tails von ihr entdeckt werden. Die Long Tails sorgen für das schnelle Ranking und die Short Tails dienen dazu, zu beweisen, dass man sich der Herausforderung stellt und ins große Becken der Konkurrenten springt. Dementsprechend sollten Sie für 1-2 Short Tails versuchen zu ranken, die im besten Fall ein fünfstelliges oder sechsstelliges Suchvolumen aufweisen.

Daraufhin können Sie ein paar weitere Long Tails nehmen (ca. 3-4, abhängig von Ihrer gesamten Wortanzahl), die dazu dienen, Ihre Seite vorerst zu pushen, um überhaupt für einige themenrelevante Begriffe platziert zu werden. Sobald die Suchmaschine Sie für die Long Tails platziert, werden die Sprungraten der Platzierung von den kurzen Keywords sehr stark nach oben steigen, da Google Sie sofort als seriös und vertrauenswürdig abstempelt, wenn Sie auf Seite 1 oder noch besser in den Top 5 gerankt sind. Wichtig ist lediglich, dass die langen und kurzen Schlüsselwörter im Zusammenhang stehen, somit können Sie der Suchmaschine klar machen, dass Sie für dieses Thema oder für diesen Oberbegriff platziert werden möchten, wie z.B. „Kühlschrank“ → „Kühlschränke im Vergleich“.

Kapitel 7: Content und Texte

„Content ist das Rückgrat"

Schreiben Sie sich diesen Satz hinter den Ohren! Der Content, der sich hauptsächlich aus den Texten zusammensetzt, ist das A und O. Da ich aus Erfahrung sprechen kann, darf ich behaupten, dass der Textinhalt sehr wichtig ist, da dieser Punkt nicht nur die Suchmaschinen betrifft und von ihr durchgenommen wird, sondern natürlich von Ihrem Kunden! Der Nutzer wird sich Ihr Geschriebenes durchlesen und dadurch bestimmen können, ob die Seite hilfreich ist oder nicht. Wenn Sie wollen, dass Ihr Content erfolgreich wird und sowohl Ihre Zielgruppe als auch Google anspricht, müssen Sie einige Faktoren beachten und ein paar Methoden anwenden.

Die erste Frage, die Sie sich stellen sollten, bevor Sie anfangen zu schreiben, ist die, welche Gruppe an Nutzern Sie ansprechen wollen, also was Ihre Zielgruppe ist. Anhand der Antwort dieser Frage sollte sich Ihr Schreibstil richten. Sollten Sie formal und sachlich schreiben, dies sollte z.B. der Fall sein, wenn Sie eine Agentur oder Ähnliches publishen wollen oder doch lieber lockerer und das „Du" benutzen. Dies kann man bei einer Ratgeber-Seite durchaus von Vorteil sein, da Sie mit dem Leser automatisch eine engere Beziehung eingehen, sobald Sie sich duzen.

Diese Geste zeigt dem Kunden Geborgenheit und eine angenehmere Stimmung. Sie sollten sich entscheiden, welche Atmosphäre in Ihren Texten bzw. auf Ihrer Seite herrschen soll. Eine feine und sachliche Stimmung ist eher von Vorteil, wenn es um das Geschäft geht, und dies auch das Anliegen Ihrer Seite ist. Das Benutzen von „Sie" und eine respektvolle Sprache bzw. ein distanzierter Umgang sollte ein Muss sein. Sobald Sie eine Fehlentscheidung treffen, kann es sein, dass sich der Nutzer unwohl oder nicht respektiert fühlt, was dafür sorgen kann, dass er Ihre Seite verlässt und nie wieder betritt, was natürlich kontraproduktiv ist.

Sobald Sie sich diese Frage beantwortet haben, können Sie mit dem wahren Schreiben loslegen. Durch den ausgewählten Schreibstil grenzen Sie automatisch auch Ihren Wortschatz in bestimmte Kategorien ein, doch was immer eine Pflicht ist, ist das Benutzen von Synonymen. Wie ich schon vor einigen Seiten den Begriff „Synonym" beschrieben habe, möchte ich hier noch einmal klar stellen, dass dadurch ein abwechslungsreiches Klima hergestellt wird. Das sorgt dafür, dass der Spannungsbogen beim Lesen ziemlich weit oben gehalten wird. Wenn Sie immer die gleichen Wörter im selben Zusammenhang lesen, schaltet das Gehirn ab und Sie verlieren logischerweise die Lust. Hier sind einige Beispiele für Sie: „Gerätehaus → Geräteschuppen → Gerätehaus → Gartenhaus ; Gaming Laptop → Gamer Laptop → Gaming Notebook → Gamer Notebook usw.

Beim Schreiben kann es vorkommen, dass Sie gar nicht realisieren, wie oft Sie ein einziges Wort verwendet haben. Deswegen würde ich Ihnen raten, nach dem Sie die Texte geschrieben haben, Sie sich diese gründlich durchlesen, als wären Sie selbst ein Besucher, der gerade neu auf Ihre Seite gekommen ist. Nach einiger Zeit könnte Ihnen auffallen, dass Sie ein Wort schon gefühlt zum 100-sten Mal gesehen haben. Sobald das der Fall ist, sollten Sie sich in einem Wörterbuch oder noch besser im Internet auf die Suche nach Synonymen machen. Es ist nicht nur positiv, dass sich die Texte nun leichter lesen lassen, sondern auch die Tatsache, dass nun ein grober Überblick besser ausfällt, da einem der Text auf Grund der großen Wortvielfalt kreativer und abwechslungsreicher vorkommt.

Worauf Sie vor allem achten müssen, wenn Sie ihre Texte outsourcen, ist die Vermeidung von Double Content. Sie laufen Gefahr, dass Sie möglicherweise ein Plagiat begehen und sich somit strafbar machen und dass Google Sie dafür nicht platzieren lässt. Die Suchmaschine erkennt an Ihrer Seite, dass es den Content bzw. die Texte schon auf einer Seite vor Ihnen gab. Alle Suchmaschinen wollen nur das eine und das ist das Beste für den Sucher. Dies kann natürlich nur garantiert werden, wenn man das Original respektiert und beibehält. Daraus resultiert, dass man die kopierten Texte und somit automatisch auch den doppelten Content ignoriert. Im schlimmsten Fall werden Sie von Google bestraft, indem Sie aus dem Register geschmissen werden und sich Ihre gute Platzierung abschminken können.

7.1 Wie viel Wörter sollte meine Seite haben?

Unendlich! Ihnen sind keine Grenzen gesetzt. Ganz im Gegenteil! Umso mehr Wörter und somit Texte bzw. Content auf der Seite vorhanden ist, desto besser und schneller wird Sie von Google anerkannt. Die einzige Voraussetzung ist die Gewährleistung von gutem Content. Hierbei sollten Sie wirklich mehr auf Qualität als auf Quantität setzen. Wieso? Erstens will sich der Nutzer lieber hilfreiche und gutgeschrieben 500 Wörter durchlesen, als hingeklatschte, nicht informative 1.000 Wörter. Zweitens setzen die Suchmaschinen auf Qualität. Dementsprechend ist es eine Win-Win-Situation für Sie.

Wenn Sie sich ein bisschen mit Online Marketing oder Texten auseinandergesetzt haben, kennen Sie bestimmt die Richtwerte für bestimmte Seitentypen. Nischenseiten z.B. sollten ca. 10.000 Wörter besitzen, Portalseiten hingegen um die 50.000 und ein guter Blog ca. 20.000. Ein häufig auftretender Fehler, der mir leider zu oft unter die Nase kommt, sind Seiten, die die „angeblichen" Richtwerte zum Thema Wörter erreicht haben und nun stillgelegt werden und als Selbstläufer gelten. Jeder erfolgreicher Online Marketer und Seitenbetreiber wird Ihnen sagen, dass dies leider nicht so funktioniert wie sich die meisten erträumen bzw. ihnen erzählt wird.

Eine Seite ist nie komplett fertiggestellt und Google legt darauf sehr viel Wert, dass diese Tatsache beachtet wird. Seiten, an denen nicht mehr gearbeitet wird bzw. wo kein neuer Content hinzugefügt wird, werden downgerankt! Die Suchmaschinen wollen, dass Ihre Top-Ergebnisse auf dem neusten Stand sind, was sowohl das Design, als auch den Content angeht. Dies kann allerdings nur gewährleistet werden, wenn man kontinuierlich für neuen Content auf der Seite sorgt. Es reichen schon einige Texte pro Monat, die auf Unterseiten gepackt werden, damit Google erkennt, dass die Seite immer noch perfektioniert wird.

Sie würden sich wundern, wenn Sie sehen, wie viele Seiten unnötig Plätze verlieren, obwohl Sie vom Inhalt her gut sind. Des Weiteren können Sie nicht nur der Suchmaschine zeigen, dass Sie die Seite am Laufen halten, sondern Sie können den Besucher auch davon überzeugen, dass Ihre Seite up-to-date ist. Abhängig vom Thema Ihrer Seite können Sie momentan interessante Sachen auf der Seite festhalten. Nehmen wir als Beispiel, dass Sie eine Nischenseite über das Thema Lautsprecher führen. Auf den Markt ist ein neues Produkt veröffentlicht worden, welches eine besondere Eigenschaft besitzt.

Dieses neue Produkt verkauft sich wie verrückt und was machen Sie als kluger Online Markter natürlich? Sie schreiben so schnell es geht einen Text über das Produkt in Form eines Testberichts oder Ähnliches. Sie publishen den Text bzw. die Unterseite so schnell es geht, um schneller in die Top- Ergebnisse gepackt zu werden. Somit zeigen Sie Google, dass erneut Content auf der Seite veröffentlicht wurde und den Nutzern veranschaulichen Sie ein neues Produkt, was sich wahrscheinlich wie „heiße Semmeln“ verkauft. Zudem profitieren Sie von der Provision. Ich denke, dass Ihnen dieses Beispiel die vorhin erwähnte Win-Win-Situation gut schildert.

7.2 Design

Das Design im Allgemeinen dient hauptsächlich dazu, den Leser zu überzeugen, dass Ihre Seite gut ist. Zudem sorgen Sie so für ein bisschen mehr Abwechslung. Das Design verbindet man immer mit Farbe und Formen, was an sich gar nicht so falsch ist. Es gibt verschiedene Varianten, das Aussehen der eigenen Website zu verbessern, was für eine Suchmaschinenoptimierung sorgt. Grundsätzlich sollten Sie Farbe ins Spiel bringen.

Doch auch dieser Punkt ist nicht so einfach wie es scheint. Man könnte natürlich ganz einfach seine Lieblingsfarbe „hinklatschen" und damit argumentieren, dass einem die Farbe und somit die Seite gefällt. Dementsprechend wird es auch den Lesern gefallen. Allerdings steckt dahinter ein bisschen mehr verkaufsorientiertes Wissen. Sie sollten sich die Frage stellen, welche Farbe oder welches Motiv zu ihrem Thema passt. Eine seriöse Informationsseite über Politik sollten Sie lieber nicht mit einem grellem Pink oder Magenta ausschmücken, auch wenn Ihnen die Farben gefallen. In diesem Beispiel handelt es sich um eine Sachseite mit hilfreichen Informationen.

Daraus könnte man schließen, dass definitiv der Content, also das Geschriebene, im Vordergrund stehen sollte und nicht vom Design verschlungen wird. Dementsprechend sollten die Farben einen dunkleren oder einen warmen und angenehmen Ton haben. Es sollte den Leser nicht anspringen und trotzdem für eine positive Atmosphäre sorgen. Der Besucher soll sich beim Lesen wohlfühlen und nicht abgelenkt werden. Nehmen wir nun eine verkaufsorientierte Seite, wie z.B. einen Online Shop von Beautyartikeln.

Bei diesem Beispiel eignen sich durchaus die blickanziehenden Farben wie Rosa und Lila, die das Thema gut unterstützen. Denn Beautyartikel werden mit Mädchen bzw. Frauen verbunden und selbstverständlich gibt es keine bessere Farbe als Rosa oder Lila, die das weibliche Geschlecht repräsentieren. Dem Kunden wird somit klar gemacht, um welche Zielgruppe es sich hier handelt und Frauen fühlen sich automatisch wohler, da sie sich mit der Seite identifizieren können. Bei beiden Seiten würde die Sitzungsdauer durchaus steigen und dementsprechend die Absprungsrate sinken, was den Trustflow der Seite erhöht. Die Seite gilt also als vertrauenswürdig und daraus resultierend steigt auch die Conversion-Rate, da die Kunden eher überzeugt sind, einen Kauf auf Ihrer Seite zu tätigen.

Bilder und Videos sind weitere Methoden, Ihre Seite zu verschönern. Das Gute bei beiden Faktoren ist, dass Sie damit nicht nur die Leserschaft ansprechen, sondern Sie aktiv SEO betreiben! Das Einbetten von Videos, wie z.B. von YouTube, sorgt auch hier von der Plattform aus für einen höheren Trustflow. Voraussetzung ist lediglich, dass Sie das Video auch wirklich auf Ihrer Seite verwenden dürfen. Das bedeutet, dass Sie nicht einfach ein Video auf Ihre Seite packen dürfen, ohne eine Erlaubnis vom Rechtinhaber zu besitzen.

Das gleiche gilt für Bilder, die auch ein Copyright besitzen. Hier müssen Sie zudem aufpassen, dass Sie nicht rechtlich verfolgt werden. Allerdings gibt es Seiten, wo sie bedenkenlos Bilder ohne Rechtinhaber (Copyright) benutzen dürfen, wie z.B. Pixabay. Ein weiterer Vorteil beim Einfügen von Bildern ist der, dass Sie auch diese mit den Keywords in Verbindungen setzen können. Das bedeutet, dass Sie die Bildbeschreibung (ALT-Text) auf das jeweilige Keyword optimieren. Lassen Sie uns das noch einmal wiederholen. Die Suchmaschine scannt auch diese Texte und erkennt potenzielle Schlüsselwörter zum Ranken.

Allerdings gilt auch hier: Zu viel ist nicht gut. Daher würde ich stark davon abraten, Ihre Seite in eine Foto- oder Videocollage zu verwandeln, es sei denn, das wäre Ihr Bedürfnis und der Sinn der Seite. Ansonsten sollte auch hier ein gesundes Gleichgewicht zwischen Content und Design herrschen. Videos sollten selten auftreten und nur verwendet werden, wenn es Not tut oder mindestens 1 Mal aus SEO und designerischen Gründen.

Bilder hingegen sollten vergleichsweise öfters vertreten sein, aber man sollte als Leser trotzdem den Überblick behalten können. Ich rate Ihnen, dass der Kunde nie mehr als 10 Bilder gleichzeitig sehen kann. Das bedeutet, wenn er auf Ihre Seite geht und sie fertig geladen hat, sollten nicht mehr als 10 Images für ihn sichtbar sein. Natürlich kommt es hierbei auf die Größe der Bilder an, aber nehmen wir mal durchschnittliche Bilder, die wir meistens auf Webseiten vorfinden (150 x 150 Pixel).

Auch hier ist es wichtig, dass die Bilder und das Thumbnail vom Video themenrelevant sind und den Nutzer nicht verschrecken. Sie sollen Sicherheit und vor allem die Nachricht signalisieren, dass die Seite zum Suchergebnis passt und der Besucher damit zufrieden ist.

7.3 Verlinkungen

Mit diesem Unterkapitel würde ich nun gerne das Thema „On-Page“ beenden, da die Verlinkung der abschließende Aspekt ist, der das Suchmaschinenoptimieren auf der Seite beschreibt. Die Verlinkung bezeichnet prinzipiell das Setzen von Links auf der Seite, unabhängig davon, ob es auf der Startseite oder auf einer Unterseite passiert.

Dabei unterscheidet man auch hier zwischen zwei Kategorien. Es gibt einmal die **interne Verlinkung** und die **externe Verlinkung**. Wie die ersten beiden ausschlaggebenden Wörter beschreiben, unterscheiden sich die zwei Arten von der Position bzw. von der Ausgangslage. Das bedeutet, dass interne Links von Ihrer Seite abstammen und auch auf Ihrer Seite platziert werden. Die externe Linksetzung jedoch beschreibt das Setzen von außerhäuslichen Links auf Ihrer Seite. Das heißt, Sie implementieren Links auf Ihrer Seite, die von einer anderen Seite abstammen.

7.3.1 Interne Verlinkung

Das Setzen von internen Links auf der eigenen Seite bringt viele Vorteile mit sich, doch im Allgemein kann man sagen, dass sich das Vertrauen von Google zu Ihnen erhöht, der sogenannte Trustflow steigt. Hauptgrund dafür ist die Tatsache, dass man nicht „weggefiltert" werden kann.

Das heißt, man kann nicht von Google bestraft werden. Es sei denn natürlich, der Content der verlinkten Seiten unterscheiden sich zu sehr. Allerdings ist dies in der Regel kaum der Fall, da man eine Seite meistens über ein Hauptthema führt und dieses sodann auch weiter verfolgt. Des Weiteren können Sie als Seiteninhaber selbst entscheiden, welche Seiten Sie verlinken möchten und wie oft Sie dies tätigen wollen.

Prinzipiell kann man sagen, dass sich solche Links lohnen, die am meisten von echten Nutzern geklickt werden, da diese den sogenannten „Linkjuice" am besten weiter vererben. Der Linkjuice beschreibt den Prozess vom Übertragen sämtlicher Eigenschaften, wenn ein Link zu einer Website führt. Dazu gehören positive Faktoren, die das Ranking in den Suchmaschinen ausmachen.

Der Trustflow und PageRank gehören meiner Meinung nach zu den wichtigsten Faktoren, die man bei einem Linkjuice zu beachten hat. Auf gut Deutsch ausgedrückt bedeutet dies, dass die Website, auf der sich die Links befinden, ihre eigenen Eigenschaften weitergibt, wie z.B. ein hohes Vertrauen von Google aus. Die Links, die auf die Websiten führen, sorgen somit für einen Push, die das Ranking dieser Seiten durchaus ins Positive ziehen kann.

Nun stellt sich die Frage, welche Links am meisten von echten Usern betätigt werden und somit einen guten Stellenwert von der Suchmaschine her besitzen. Natürlich kann man dies heutzutage im Nullkommanichts anhand eines Tools auf die Zahl genau sehen. Allerdings möchte ich Ihnen einige Grundmerkmal eines solchen Verhaltens erklären.

Welche Links wie oft geklickt werden, können Sie mehr oder weniger selbst beeinflussen. Am Ende hängt es natürlich vom Besucher und seinem Interesse ab. Allerdings lässt sich im Vorfeld so einiges bearbeiten:

1. Am Anfang des Textes

Nutzer tendieren dazu, auf Links zu gehen, die sich relativ weit oben in den Texten befinden, da meistens dort der erste Blick hinwandert. Wichtige Links sollten sich also beim ersten Lesen oder Laden der Seite im guten Blickfeld befinden.

2. Auffällige Kennzeichnungen

Des Weiteren merkt sich der Leser Farben, Unterstreichungen oder allgemeine Hervorhebungen schneller. Die Merkmale sorgen dafür, dass dem Leser die Wörter förmlich ins Auge springen. Falls Sie unbedingt auf einer Ihrer Unterseiten verlinken wollen, sollten Sie diese auf jeden Fall auffälliger gestalten, damit der Nutzer auch wirklich auf Ihr Anliegen aufmerksam wird.

3. Focus auf Content

Interessierte Kunden konzentrieren sich in der Regel an den Content Ihrer Seite. Somit werden Verlinkungen, die sich eher im Abseits befinden, wie z.B. in der Seitenleiste oder im Footer, ausgeblendet. Dementsprechend sollten Sie versuchen, die internen Verlinkungen in Texten und Bildern zu implementieren, um ein mögliches Übergehen der Links zu verhindern.

4. Logik beim Lesen

Die internen Links sollten auf jeden Fall zum einen im Zusammenhang mit dem Thema stehen und zum anderen einen guten Übergang bilden und logischen Sinn besitzen. Beim Lesen des Textes, in dem sich die Verlinkung befindet, sollte der Leser den Zusammenhang verstehen und sich nicht die Frage stellen, was nun dieser Link dort zu suchen hat. Dementsprechend sollten Sie den Text logisch verfassen und im besten Fall dafür sorgen, dass sich dort außerdem eine Kurzbeschreibung zu dem Link befindet. Damit bekommt der User eine Idee, warum sich der Link im Text befindet und kann sich vorstellen, über was die verlinkte Seite handelt.

5. Sich selber keine Konkurrenz machen

Als letzten Punkt kann ich Ihnen empfehlen, nicht zu viele Links zu setzen, da dies für Google bedeutet, dass der Linkjuice sinkt. Das wiederum bedeutet für Sie, dass weniger positive Merkmale auf die verlinkten Seiten ankommen. Es ist logisch, dass sich mehr Linkjuice am Ende befindet, wenn dieser nur durch zwei Links geteilt wird und nicht durch sieben. Des Weiteren erweckt dies keinen guten Eindruck auf den Leser, wenn er auf zu viele Links aufmerksam wird. Er wird es sicherlich nicht als angenehm empfinden, von Seite zu Seite schikaniert zu werden.

7.3.2 Externe Verlinkung

Die externe Verlinkung beschreibt wie schon erklärt das Setzen von Links von Domain B (einer anderen Seite) auf Domain A (Ihrer eigenen Seite). Hier gibt es allerdings einige Aspekte, die zu beachten sind, damit diese Art von Verlinkung etwas bringt. Im schlimmsten Fall kann dies nach hinten losgehen und die Verlinkung kann Ihnen Probleme verursachen.

Es schwirrt die Aussage zum Thema SEO, dass Google nicht mehr als 100 ausgehende Links akzeptiert und Seiten, die diese Grenze überschreiten, bestraft und als unseriös abstempelt. Dennoch sollte man sich nicht zu strikt an diesen Richtwert halten, da einige Seiten nur 50 ausgehende Links benötigen, wie z.B. Produktdetailseiten. Selbstverständlich gibt es auch Sites, die weitaus mehr als dies benötigen, wie z.B. Startseiten. Wichtig ist allerdings auch hier, dass das Kriterium mit dem „Related Content“ erfüllt wird.

Themenbezogener Inhalt wird von Google sehr ernst genommen. Das ist vor allem bei der „horizontalen Verlinkung“ wichtig. Bei der zweiten Art, der sogenannten „vertikalen Verlinkung“ ist es wichtig zu beachten, dass jede Unterseite schnell und gut erreichbar ist. Dies ist am besten der Fall, wenn man nur einige Klicks benötigt, um von der Startseite auf die gewünschte Unterseite zu landen. Diese zwei Methoden von Verlinkungen gehören zum Oberbegriff der „ausgehenden internen Verlinkung“, was noch einmal das interne Verlinken gut beschreibt.

Das Gegenstück dazu ist logischerweise die „ausgehende externe Verlinkung“, die hauptsächlich in der Welt der Off-Page eine große Rolle spielt. Hier tritt wirklich der Fall ein, wo andere Domains in Zusammenhang mit Ihrer Seite durch Verlinkungen stehen. Ein Beispiel dazu z.B. wäre das Setzen von einem Wikipedia Artikel über den Begriff „Espressomaschine“ in den Text auf Ihrer Seite, wo Sie dem Nutzer diese Kaffeemaschine näherbringen. Vorteil bei dieser Art von externer Verlinkung ist, dass dadurch der Trustflow steigt, da man auf vertrauenswürdige Seiten verlinkt. Somit ist dies die einzige Voraussetzung neben der Tatsache, dass alles vom Thema her miteinander zu tun haben muss.

Kapitel 8: Off-Page

Der Begriff Off-Page bezeichnet Arbeiten und Sachen, die sich nicht konkret auf Ihrer Seite abspielen. Wie gerade beschrieben, spielt das Setzen von externen Links von bzw. auf andere Domains eine große und wesentliche Rolle, die vor allem Ihren Trustflow und PageRank positiv beeinflusst. Eine gute On-Page und guter Content wird durch gutes Arbeiten auf der Off-Page abgerundet und sorgt somit für eine erfolgreiche Seite.

8.1 Backlinks

Der Begriff „Backlinks“ ist im vorherigen Kapitel auch gefallen und beschreibt lediglich einen Link, der sich auf Domain B befindet und zu Domain B führt. Allerdings ist dies leichter gesagt und getan. Als Backlinksetzer sollten Sie einige Faktoren beachten, die dafür sorgen, dass die Off-Page optimiert ist. Vorweg möchte ich Ihnen sagen, dass sich ein Linkaustausch nicht in jeder Situation für Sie lohnt. Auch wenn Sie von einem Websitenbesitzer angefragt werden und dieser einen Backlink setzen möchte, müssen Sie sich zuerst einige Fragen stellen:

1. Frage: Was ist das für eine Seite?

Welches Thema umfasst die Seite, wo Sie einen Backlinkaustausch absolvieren könnten. Das sollte Ihr erster Gedanke sein, bevor Sie danach weiter handeln. Hierbei muss man nämlich besonders darauf achten, da „Related Content“ auch hier eine wichtige Rolle spielt. Allerdings gibt es hier eine wichtige Ausnahme. Das Thema, über das die Seiten handeln, darf nicht zu ähnlich sein.

Nehmen wir als Beispiel, dass Sie eine Gaming Laptop Seite führen und ein Partner besitzt eine Gamer Laptop Seite, der einen Tausch vornehmen oder seinen Link setzen möchte. In diesem Fall sollten Sie darauf verzichten. Diese Geste kommt bei Google nicht gut an und könnte negative Folgen für Sie beide verursachen. Nehmen wir allerdings an, dass Sie von einem PC Gamer-Seiteninhaber angeschrieben wurden und er dasselbe vor hat.

Sie könnten einen Tausch in Frage ziehen. Aber warum? Beide Seite haben gewisse Ähnlichkeiten, wie z.B. das gleiche Hauptthema Technik bzw. PC & Laptops sowie Gaming und Gamer. Die Merkmale sind allerdings nicht eins zu eins identisch, sondern haben einen guten Themenbezug.

Dementsprechend sollten die Themen nicht genau eins zu eins übereinstimmen, sondern sich immer ein wenig voneinander unterscheiden. Dies kann möglicherweise ein bisschen unverständlich für Sie erscheinen, allerdings funktionieren nun mal die Google Algorithmen so, die ein bestimmtes Ziel verfolgen.

2. Frage: Lohnt sich ein Backlinkaustausch mit Domain X?

Es kann gut sein, dass Sie von Anfragen überströmt werden, sobald Sie einen vergleichsweise hohen Rank auf Google besitzen (Seite 3 oder höher). Dies ist vor allem der Fall, wenn Sie unter den Top 10 für Ihr Keyword ranken. Dabei kann es vorkommen, dass einige Anfragen von der „unteren Schicht" kommen, das bedeutet von Seite 7 oder schlechter. Einen Backlinkaustausch mit solchen Seiten sollte man bei so einer guten Ausgangslage jedoch in Frage stellen. Denn es kann durchaus sein, dass Sie unter dem schlechten PageRank und anderen negativen Merkmalen leiden und sogar einige Plätze nach unten geschoben werden.

Die andere Domain würde in der Regel unvorstellbar davon profitieren und einen sehr großen Push erfahren, von dem Sie aber nichts abbekommen. Dementsprechend sollte ein Backlinkaustausch immer in der gleichen Klasse stattfinden. Das bedeutet, Sie sollten nicht mehr als eine Seite auf Google Abstand zu Ihrem Parner haben. Prinzipiell sollten Sie natürlich versuchen, bessere Seiten aufzugabeln, die über Sie platziert sind. Allerdings ist dies schwer in die Tat umzusetzen, da die Domainbesitzer aus dem eben genannten Grund eher zurückschrecken.

3. Frage: Wie oft sollte ich Backlinks setzen?

Das Setzen von Backlinks ist keine Handlung, die man kurzfristig für einen kleinen Zeitraum macht. Sobald Sie mit dem Setzen von Backlinks anfangen, was so früh wie möglich der Fall sein sollte, sollten Sie kontinuierlich und am besten strukturiert externe Linksetzungen tätigen. Als Richtwert würde ich Ihnen empfehlen, dass Sie sich wirklich 2-3 Mal in der Woche hinsetzen und nach guten und potenten Linkaustauschpartnern suchen.

Als Endergebnis sollten Sie maximal 5 Backlinks pro Woche haben, die gesetzt werden. Ansonsten werden Sie radikal von Google bestraft, da dies als unnatürlicher Backlinkaufbau gilt. Bauen Sie sich also alles langsam und natürlich auf. Auch hier geht Qualität vor Quantität. Das bedeutet, dass Sie dann doch lieber 2-3 sehr gute Links setzen als 4-5 mäßige. Google erkennt dies besser und wird Ihre Seite dann lieber belohnen.

4. Frage: Was für Backlinks sollte ich setzen?

Die Domain, auf der Sie Ihren Linkaustausch tätigen, sollte wie gesagt themenrelevant sein. Abseits vom Thema sollten Sie dennoch auch die Art der Website analysieren und dafür sorgen, dass Sie eine Vielfalt an Websitearten aufweisen können, auf denen sich Ihr Link befindet. Was bedeutet das? Ihnen sind sicherlich die verschiedenen „Genre“ der Websiten bekannt, wie z.B. Foren, Informationsseiten, Online-Shops etc. Ihr Ziel sollte es sein, in jeder Kategorie Backlinks zu setzen.

Das bringt viele Vorteile mit sich. Ihre Seite ist somit vor allem präsenter und die User werden auf Ihre Seite aufmerksam gemacht. Dabei ist es egal, welches Anliegen die User zu dem gewissen Thema verfolgen. Auf gut Deutsch bedeutet dies, dass es egal ist, ob der Nutzer den Kauf von einem Produkt tätigen möchte, Informationen und Daten dazu sammeln will oder doch Rezensionen in Foren sucht. Wenn ich gemäßer meiner Erfahrungen darüber urteilen sollten, konnte ich die meisten Erfolge mit Setzen von Backlinks in Foren erzielen. Dies könnte möglicherweise damit zusammenhängen, dass dort die Nutzer sehr aktiv und vor allem eloquent sind. Das heißt sie kommunizieren gerne und tauschen sich untereinander aus. Wenn Ihre Seite den Nutzer zufriedenstellt, wird er sie weiterempfehlen und dies wird ganz schnell zu einem Gesprächsthema in solchen Chats in den Foren.

Zu diesem Abschnitt gehört auch das Setzen von „Social Backlinks“. Social Backlinks sind ganz schlicht Links, die man in sozialen Netzwerken, wie z.B. Facebook, Twitter & Co. setzt. Vorteile? Die Reichweite ist relativ groß, da solche Netzwerke sehr hohen Traffic aufweisen. Des Weiteren ist der Trustflow natürlich unberechenbar hoch, da jede Suchmaschine Facebook & Co. ihr vollstes Vertrauen gibt. Dementsprechend sollten Sie sich sämtliche Accounts und Profile einrichten, wie z.B. eine eigene Facebookseite und einen Twitteraccount, sobald Ihre Seite releast wird.

5. Frage: Was muss ich abschließend noch beachten?

Wenn Sie die vier Fragen bisher perfekt beantworten können und sie auch in der Praxis anwenden, steht Ihrer ausgezeichneten Off-Page und somit einer suchmaschinenoptimierten Seite kaum etwas mehr im Wege. Falls Sie zudem die folgenden Kleinigkeiten beachten, werden Sie sehen, was Backlinks für einen Ausmaß für Ihren PageRank besitzen.

8.2 Anchor Text

Der Anchortext (auch als Ankertext oder Linktext bekannt) beschreibt den in der Regel farblich gekennzeichneten und klickbaren Text von einem Hyperlink. SEO technisch gesehen werden anhand des Textes an Google Infos über den Link geliefert. Dadurch kann die Suchmaschine ihrem Algorithmus freien Lauf lassen und eine Analyse durchführen. Des Weiteren kann Google somit unterscheiden, ob es sich hier um einen natürlichen oder künstlichen Backlinkaufbau handelt.

8.3 Deeplinks

Deeplinks bezeichnen Links, die sich nicht auf Ihrer Startseite befinden, sondern auf den Unterseiten. Somit geben Sie auch Linkjuice weiter, was den PageRank verbessert. In Kombination mit guten Anchor Texten und einer ausgewogenen Verteilung von Links auf der Startseite und den Unterseiten kann dies zu einem erhöhtem Trust führen, was das Ranking positiv dastehen lassen kann.

8.4 No-/ und Do-Follow Links

Ein Do-Follow Link erteilt der Suchmaschine die Erlaubnis, auf die verlinkte Seite zu gehen. Der No-Follow Link hingegen verbietet dies. Somit kann der Algorithmus nicht wirklich bestätigen, dass die Seite gut und vertrauenswürdig ist. Um zwischen den beiden Methoden zu wechseln, muss man lediglich dem Quelltext rel="nofollow" hinzufügen.

Nun wäre es ja logisch, nur Do-Follow Links zu setzen, da diese doch besser sind. Genau dies wurde vor einigen Jahren gemacht und sehr viele Backlinks galten dadurch als effektive Pusher. Allerdings fiel dies Google auf. Daraufhin änderten sie ihren Algorithmus, der vorsieht, 40% No-Follow Links und 60% Do-Follow Links einzusetzen. Sie müssen sich nicht genau an den Prozentsatz halten. Wichtig ist jedoch, dass Sie der Suchmaschine erlauben, auf mehr Links zuzugreifen als verboten wurde - und das mit einer kleinen Mehrheit.

8.5 Keine Backlinks kaufen

Ich würde Ihnen empfehlen, keinen Kauf von Backlinks zu tätigen. Meiner Meinung nach lohnt es sich nicht, da ein gutes Preis-/Leistungsverhältnis nicht vorhanden ist. Ihnen werden gute und schnelle Google-Platzierungen versprochen, allerdings setzt sich SEO nicht aus einem oder ein paar Backlinks zusammen. Klar würde Sie ein sehr guter Linkaustauschpartner ein paar Plätze nach oben packen.

Dies wäre jedoch nur kurzfristig ein kleiner Push, der sich bei Weitem nicht lohnt, als wenn Sie das Geld in andere Sachen, wie z.B. perfekt optimierte Texte oder ein neues gute Theme für Ihre Startseite investieren. Dafür müssen Sie vergleichsweise viel weniger bezahlen und das Resultat ist sehr effektiv, da es vor allem über einen langen Zeitraum für Ihre Seite positive Aspekte zieht.

Kapitel 9: Weitere Kleinigkeiten, die zu beachten sein

9.1 Wert von Trustflow = Wert von Citation Flow

Der Trustflow wurde schon öfters erwähnt und bezeichnet allgemein das Vertrauen der Suchmaschine gegenüber der Domain. Der Citation Flow wird zum ersten Mal erwähnt, allerdings wurde er schon mehr oder weniger angedeutet. Der CitationFlow beschreibt einfach den PageRank bzw. verfolgt das gleiche System. Der Begriff Citation Flow ist moderner und sollte von Ihnen auch verwendet werden, da der PageRank an sich eigentlich ausgestorben ist. Dieser Flow konzentriert sich vollkommen auf den Linkaufbau und die Verlinkung der Domain. Umso mehr und bessere Links die Seite enthält, desto höher ist der Citation Flow. Allerdings achtet diese Bewertung nicht nur auf die Links an sich, sondern auch auf Linksetzungen. Wir stellen uns also ganz besonders eine Frage. Wie gut sind die Links überhaupt gesetzt? Diese beiden Faktoren beschreiben grundsätzlich, wie gut Ihre Seite ist und dementsprechend sollten die Bewertungen ziemlich hoch sein. Das Bewertungsraster befindet sich zwischen 0 und 100, wo 100 logischerweise das Beste ist. Wichtig ist jedoch zu sagen, dass diese beiden Endergebnisse im Gleichgewicht stehen sollten. Die Differenz darf also nicht zu hoch sein.

9.2 Optimierung für mobile Geräte

Dieser Punkt ist sehr wichtig und fällt unter die Kategorie On-Page Optimierung. Ungefähr 70% der Besucher auf Ihrer Seite haben Ihren Besuch über ein mobiles Gerät betätigt, d.h. Smartphone, Tablet etc. Dementsprechend ist es vor allem wichtig, dass Ihre Seite für Smartphones & Co. kompatibel und vollkommen nutzungsfähig ist. Bugs, falsches Laden, Formatierungsfehler usw. müssen vermieden werden und somit benutzerfreundlich sein. Falls Sie dies unternehmen, kann sich Ihr Gewinn sogar verdreifachen, da die Absprungsrate radikal sinkt und die Sitzungsdauer stark ansteigt. Daraus folgt ein besseres Ranking, was wiederum für mehr Traffic und somit mehr Erlös für Sie sorgt.

9.3 Ladezeiten

Wenn die Ladezeit Ihrer Startseite oder gewissen Medien zu hoch ist, steigt die Bouncerate dramatisch an. Dies ist bei hochauflösenden und zu großen Bildern oder zu großen Videosequenzen und Tonaufnahmen der Fall. Deswegen sollten Sie versuchen, Multimedia so gut es geht einzuschränken und z.B. auf das Hover-Menü verzichten. Dadurch verkürzt sich die Ladezeit und der Besucher verlässt nicht sofort die Seite. Falls Sie die Ladezeiten nicht minimieren und die Absprungsrate immer noch hoch bleibt, kann diese zu einem Downrank von Google aus führen, was Ihnen schaden könnte.

9.4 Kurz auf einen Blick die zu vermeidenden No-Gos zum Thema SEO:

1. **Zu hohe (interne/externe) Verlinkung** → zu schlechte Links, z.B. falsches Thema

2. **Missachtung der Keyworddichte (zu hoch)** → unabhängig von Wortanzahl

3. **Zu viele gleiche Achor Texte (Ankertexter)** → merkt Google, straft ab

4. **Ungleiche Linkverteilung** → z.B. 90% Do-Follow / 10% No-Follow

5. **Keine Bildbeschreibung (Alt Texte)** → somit keine Bildoptimierung → kein SEO

6. **Mobile Optimierung missachten** → hohe Absprungsrate → Downrank

Kapitel 10: Passives Einkommen und SEO

Sehr viele Online Marketer fokussieren sich auf das sogenannte „Passive Einkommen". Dabei ist es egal, in welcher Form dies stattfindet, wie z.B. FBA (Fulfillment by Amazon) oder eBooks. Vielen ist anfangs allerdings gar nicht bewusst, wie wichtig vor allem bei der Art von Seiten das produktive Betreiben von SEO ist. Die Suchmaschinenoptimierung zeichnet diese Seiten aus, da sie nur so effektiv und langfristig an einen guten organischen Traffic kommen, der Ihnen neue potenzielle Kunden einbringt.

Bei kleinen Affiliate Seiten bzw. Nischenseiten sieht man dies extrem und das Betreiben von SEO wird von den Erfolgreichsten in dem Themengebiet groß und heilig geredet. Durch gutes SEO steigen Sie in den Google-Platzierungen auf und Sie versuchen, auf Seite 1 zu landen bzw. Platz 1 zu sein und zu halten. Dies ist allerdings ein langer Weg verbunden mit Setzung von guten Links über einen langen Zeitraum, dem Produzieren von gutem Content, zahlreichen Analysen der Konkurrenz und noch vielem mehr.

Es führt kein Weg an der Optimierung der Suchmaschine vorbei, um erfolgreich neue Kunde zu gewinnen. Allerdings reicht nur eine Vielzahl an Kunden nicht aus, um effektiv passives Geld zu generieren. Die Conversion-Rate muss an dieser Stelle auch stimmen, weil Sie nur so bei Affiliate-Seiten an Geld kommen. Ein See ist voller Fische und Sie sind der Angler. Doch die Vorstellung alleine, dass Sie so viele Fische angeln können, bringt nichts, wenn Sie nichts am Haken haben. Es bringt also nur etwas, was Sie wirklich am Haken haben. Wie erhöht man die Conversion-Rate? Wenn Sie sich diese Frage stellen, haben Sie leider das Buch nicht aufmerksam genug gelesen.

Ich habe in jedem Kapitel unterbewusst an das Thema „Passives Einkommen" angeknüpft, was Ihnen wahrscheinlich nicht aufgefallen ist. Beim Thema Design habe ich mich zum Beispiel konkret auf einen Online-Shop zu Beautyartikeln bezogen, was nichts anderes ist als eine Seite, die passiv Geld generiert. Das Thema Design in dem Beispiel war z.B. sehr auf die Conversion-Rate bezogen, was ich auch konkret erwähnt habe.

In jedem Kapitel war immer ein kleiner Hinweis zum passiven Einkommen und ich denke, dass dies genau zeigt, dass das SEO sehr nah mit dieser Websitenart steht und durchaus wertgeschätzt werden sollte. Sämtliche Faktoren wie Keywords und Backlinks sind elementarwichtig bei Nischenseiten. Sie sollten daher auf „Elektrogrill Test" oder „Elektrogrill Kaufen" ranken und versuchen, einen Backlinkaustausch mit einer Grill-Forum-Seite zu unternehmen.

Falls Sie sich wirklich vorgenommen haben, eine Affiliate-Seite zu veröffentlichen, dann sollten Sie sich definitiv die genannten Kriterien und Faktoren zum Thema SEO noch einmal genauer anschauen. Wenn Sie alles gut verstanden haben und dies in die Tat umsetzen, wie in diesem Buch erläutert, steht dem Erfolg Ihrer Seite und das damit zusammenhängende passive Einkommen nichts mehr im Weg.

Wie schon angedeutet gilt dies nicht nur für Nischenseiten, sondern auch für andere verkaufsorientierte bzw. geldeinbringende Seiten. Bei dem Verkauf von Ihrem eigenen eBook oder FBA können einige Faktoren darüber entscheiden, ob Ihr Produkt gekauft wird oder nicht. Hierbei sollten Sie allerdings auf andere Dinge achten, wie z.B. auf den Titel und den Untertitel, die dem Antreffenden sofort ins Auge springen. Des Weiteren nimmt die Suchmaschine den Titel gerne als Orientierung zum Ranken des Themengebietes. Die Produktbeschreibung allerdings wird von Google dann doch eher unter die Lupe genommen und genau da können Sie punkten.

Wichtige Keywords, für die Sie ranken wollen, sind dort sehr gut und übersichtlich aufgehoben. Zudem können Sie diese mit Bullet Points, also Gliederungspunkten, hervorheben. Diese punkten primär beim Kunden, da mit den Bullet Points übersichtlich die Hauptaspekte des Produkts aufgelistet werden. Dies ist beim Erstellen einer Landing Page definitiv relevant, da der Content auf solchen Seiten sehr niedrig gehalten wird. Des Weiteren kann Social Media für Sie auch von Vorteil sein, da Sie hier erstens Ihre eigenen Backlinks sichern und außerdem für Aufmerksamkeit und somit für mehr Traffic sorgen können.

Dies allerdings ist eher abseits vom SEO wichtig und dient eher dem Betreiben von Werbung. Apropos Werbung. Wenn Sie organischen Traffic benötigen, Ihr Seite bzw. das Produkt jedoch nicht gut optimiert ist, müssen Sie leider zu Werbungen zurückgreifen, wie z.B. auf Facebook oder PPC (Pay Per Click). Diese „Alternativen" sind sehr kostenaufwendig und tun nicht Not, da Sie ganz einfach mit ein bisschen Arbeit selber für guten und permanenten organischen Traffic sorgen können.

Kapitel 11: Schlusswort

Wie Sie sehen, führt kein Weg am SEO vorbei, wenn Sie ein erfolgreiches Einkommen generieren möchten. Daher sollte es gut benutzt werden. Es ist einfacher als Sie denken, wenn Sie überlegen, dass Sie durch Linksetzung und gute Texte sicher auf Seite 1 landen können. Deswegen will ich Ihnen wirklich das Betreiben von SEO ans Herz legen und bitte Sie, dass Sie es auch an Ihrer eigenen Seite anwenden.

Ich wünsche Ihnen mit Ihrer Seite, Ihrem Business, Ihrer Arbeit alles erdenklich Gute und ich hoffe, dass Sie so einiges aus diesem Buch für Ihre Zukunft mitnehmen konnten. Ich würde mich sehr freuen, wenn Sie eine Bewertung bei Amazon Kindle hinterlassen, wenn Ihnen das eBook behilflich war, damit auch andere Menschen von der Wichtigkeit des SEOs erfahren. Ich bedanke mich bei Ihnen herzlich für das Lesen meines eBooks!

Impressum

Alexander Bünk
Süntelstraße 139b
22457 Hamburg
Deutschland

und

Marko Tomicic
Wiebischenkamp 53b
22523 Hamburg
Deutschland

Haftungsausschluss

Jede Aussage dieses Buchs ist aus eigenem Wissen der Autoren getroffen worden. Diese haben die Absicht, Menschen hilfreiches und informatives Wissen zu vermitteln. Das Buch beinhaltet allgemeine Strategien und kann daher auch nicht als individuelle Handlungsanweisung verstanden werden. Ob und wie die Ratschläge der Autoren umgesetzt werden, liegt ganz alleine in der Verantwortung des Lesers. Aus diesem Grund können die Autoren für etwaige Schäden jeder Art aus keinem Rechtsgrund eine Haftung übernehmen. Haftungsansprüche gegen die Autoren für materielle oder ideelle Schäden, welche durch das Nutzen oder Nichtnutzen der im Buch enthaltenen Informationen beziehungsweise durch das Nutzen unvollständiger und/oder fehlerhafter Inhalte ausgelöst wurden, sind ausgeschlossen. Die Autoren übernehmen keinerlei Gewähr für die Korrektheit, die Aktualität, Qualität und Vollständigkeit der im Werk enthaltenen Inhalte.

Copyright

17268962R00071

Printed in Poland
by Amazon Fulfillment
Poland Sp. z o.o., Wrocław